# 대한민국
# 이대로 괜찮겠나

김제방 역사서사시집

문학공원 시선 253

# 대한민국 이대로 괜찮겠나

김제방 역사서사시집

## 대한민국 역사를 보여주는 詩

국가발전(國家發展)의 시동을 건 5·16혁명은 기억에서 사라져 가는데
국론분열(國論分裂)을 촉발시킨 5·18민주화운동은 문전성시를 이룬다
우리는 스스로 '혁명'을 '쿠데타'로 격하시켜 역사에 죄를 진 국민이다

문학공원

〈서언〉

# 최태원 회장이 던진 화두

국가발전(國家發展)의 시동을 건
5 · 16혁명은 기억에서 사라져 가는데
국론분열(國論分裂)을 촉발시킨
5 · 18민주화운동은 문전성시를 이룬다
우리는 스스로 '혁명'을 '쿠데타'로 격하시켜
역사에 죄를 진 국민이다
최태원 대한상공회의소 회장(SK그룹회장)은
"대한민국 이대로 괜찮겠나"라는 질문을
전 사회에 한 번 던져야 할 때"라고 했다
최근 대한상공회의소 회장 연임 기념 기자회견에서
"이전의 방법이 효과가 없었다는 게 개인적인 의견"이라며
"저성장 · 저출산 등 당면과제 해결을 위해
국회 · 정부 · 경제계 · 시민사회가 함께
새로운 방법을 모색해야 한다"고 했다
차제에 '5 · 16혁명'의 의미도 속죄하는
마음으로 성찰할 때가 되었다

차 례



## 제1장 22대 총선 후폭풍

## 제2장 정주영의 신문대학

차 례

## 제3장 시대가 고민할 문제

## 제4장 자멸국가의 내부분열

차 례

## 제5장 외화내빈 21대국회

## 제6장 바보처럼 살았군요



## 부록

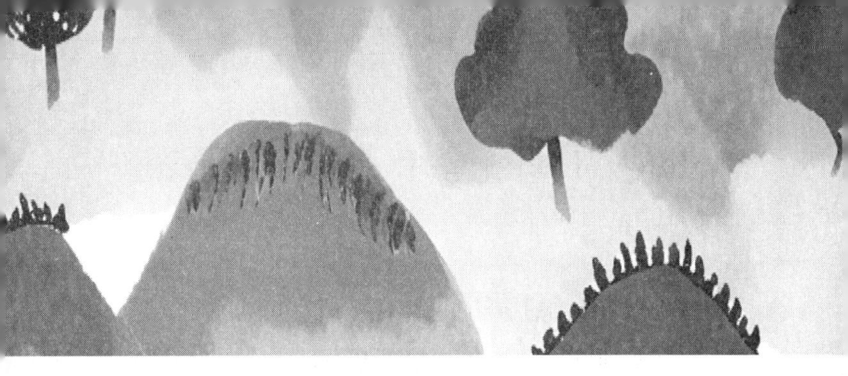

# 제1장

## 22대 총선 후폭풍

# 이란 이스라엘 공격

이란이 2024년 4월 13일
수백 대의 드론과 미사일을 발사해
이스라엘 본토를 공격했다
이스라엘이 시리아 내 이란 영사관 건물을 공격한 지
12일 만의 보복조치다
이스라엘이 즉각 전시내각회의를 소집
보복을 검토하고 나서면서 일촉즉발의 확전위기에 놓였다
이란은 13일 드론 185대 순항미사일 36발
지대지미사일 110발을 동원
이스라엘을 공격했다고 이란혁명수비대는 국영TV를 통해
“이스라엘 내 목표를 타격하기 위해
수십 대의 드론과 미사일 발사를 했다고 밝혔다

“45년 중동 앙숙 ‘보복의 악순환’…”
바이든 미 대통령은 “어떤 반격도 반대”

## 국민의힘 최연소 당선인 김용태

김용태 당선인(34 · 포천 · 가평)은 국민의힘
사상 첫 1990년대생 지역구 국회의원으로 당선돼
국민의힘 지역구 의원 90명과
비례대표 18명을 합친 최연소 의원이다
그는 유승민 전 의원이 대표로 있던 바른정당에서
2018년 정치를 시작했다
2023년 국민의힘 3 · 8전당대회에서 친(親)이준석계로서
당 지도부에 도전한 이른바
천아용인(천하람 · 허은아 · 김용태 · 이기인) 중 한 명이다
이번에 5자 경선을 뚫고 국민의힘 공천을 받은 그는
"지난 2년 동안 대통령과 다른 목소리를 내려 하면
묵살하고 내쫓으려는 모습을 보며
국민들은 국민의힘이 자정 기능을 상실했다고
생각했을 겁니다"라고 했다
김 당선인은 "대한민국 정치는 권력에 줄을 서 왔다
권력에 아부하고 권력을 대변했다
국민이 직접 선출하는 국회의원 후보를 결정하는 과정에서
권력자의 입김이 강하게 작용해 왔다"며
"이런 구조를 깨겠다"고 목소리를 높였다
그는 "경기도 포천 · 가평은

전통적으로 여당이 우세한 지역임에도
'윤석열 정부가잘해서 주는 것이 아니다
민주당이 싫어서 표를 주는 것이다란
말을 많이 들었다"고 했다
그는 "지역에서 만난 유권자들은
'대통령이 국민들과 소통을 많이 해야한다'
'대통령이 더욱 겸손한 모습을 보여야 한다'고
많이 말했다"며
"2022년 대선과 지방선거 때
윤석열 후보와 윤석열 정부가 좋아서 뽑았던 분들인데
2년 만에 바뀌었다"고 했다

# 이란과 이스라엘

이란과 이스라엘의 사이가
애초부터 이렇게 나빴던 건 아니었다
팔레비왕조(1925-1979) 때 이란은
이스라엘(그리고 미국)과 우호 관계를 가졌다

유대인은 과격세력인 '열심당'의 선동에
서기 66년 로마에 대해 독립을 요구하는 반란을 일으키고
예루살렘을 탈취한 뒤 독립정부를 수립하고
화폐까지 새로 만들었지만
군대를 증강한 로마군이 반격을 시작하고
때마침 유대인의 내부에 격렬한 세력 다툼이 일어나
결국 예루살렘은 함락되고 말았다
서기 70년 로마의 점령군은 신전을 불태우고
살아남은 주민들을 노예로 팔았으며
신전에서 많은 보물을 약탈했다
예루살렘이 함락된 뒤에도 열심당의 잔당은
사해 서쪽에 세워져 있던 마사다 요새에 올라가
3년간이나 더 항전하다가 로마군의 맹공이 시작되자
전원이 자결하고 말았다
이제 예루살렘은 로마의 주신 주피터의 신전을 모신
로마의 식민지로 전락되어
유대인의 예루살렘 입성이 금지되었다

다만 1년에 단 한 번 예루살렘이 함락된 날에 한하여
무너진 신전의 벽에 머리를 대고 민족의 비운을
통곡하는 것이 허락되었다
이후로 유대인은 팔레스티나 지방을 떠나
2천여 년 간 세계를 떠도는
유랑민족(流浪民族)이 되고 말았다
세계각지에서 박해를 받은 유대인들은
1945년 제2차 세계대전이 끝나고
1948년 영국의 주선으로 천신만고 끝에
지금의 이스라엘을 건국하였으나 그동안
네 번의 중동전쟁을 치르면서 현재에 이르고 있다

이란은 1948년 이스라엘 건국을 이슬람 국가로는
튀르키예(터키)에 이어 두 번째로 인정했고
이란의 1979년 이슬람혁명 후에도
관계가 완전히 단절되지는 않았다
양국 관계가 악화된 것은
이란 · 이라크전쟁(1980-1988) 후
이란이 레바논 · 예맨 · 시리아 등에서
반(反)이스라엘 무장단체를 지원하면서부터였다
친이란계 무장단체들의 이스라엘 공격에 이스라엘은
이란 요인 암살 · 핵시설사이버 공격 등으로 응수했다
세상은 중동전쟁의 두 강국이
전면전으로 가는 것을 감당하기 어렵게 생각하고 있다

## 조국혁신당

제22대 총선이 마무리됐다
'정권심판론'이 강하게 작용하면서
여소야대 국면이 이어지게 됐다
혜성처럼 등장한 조국혁신당과 당을 박차고 나가
살아남은 개혁신당이 있는가 하면
녹색정의당은 국회에서 퇴장하게 됐다
3%의 벽을 넘지 못해 의석을 잃었고
심상정 의원은 은퇴를 선언하며 눈물을 보였다
조국혁신당 조국 대표가 4월 15일
4·10총선 이후 첫 지방 일정으로
문재인 전 대통령 사저와
노무현 전 대통령의 묘역을 찾았다

조국 대표를 포함한 조국혁신당 당선인
12명은 경남 양산의 문 전 대통령 사저를 찾았다
정장 차림으로 우산을 쓰고 대문 밖까지 마중을 나온
문 전 대통령은 조 대표에게
"정권심판 바람을 일으키고 범야권 승리에 큰 기여를 했다
자부심을 가져도 좋다"고 말했다
이들은 이어 경남 김해 봉하마을로 이동

노무현 전 대통령의 묘역을 참배하고
권양숙 여사를 접견했다
조 대표가 더불어민주당보다 이들을 먼저 찾은 것을 두고
“자신들이 민주당 적통임을 강조하려는 것”이란
해석이 나오면서
민주당 내에선 불편한 기색도 감지됐다

# 미국 삼성에 8.9조 보조금

미국 상무부가 삼성전자에
최대 64억 달러(약 8조 8,640 원)의 보조금을 지원한다고
4월 15일 발표했다
삼성전자가 파운드리(반도체 위탁생산) 공장을 포함해
미국에 총 400억 달러 이상 투자하기로
결정한 데 따른 조치다
삼성에 대한 보조금은 인텔 85억 달러
TMSC 66억 달러에 이어 세 번째 규모로 큰 규모다
인텔 100억 달러
TMSC가 650억 달러를 투자하기로 한 것과 비교하면
투자액 대비 보조금 규모는 삼성전자가 가장 크다

## 윤 대통령 총선참패 입장문

윤석열 대통령은 용산 대통령실에서 주재한
국무회의 및 참모진 회의에서
4·10총선에서 여당이 참패한 데 대해
"대통령부터 국민의 뜻을 잘 살피고
받들지 못해 죄송하다"고 4월 16일 사과했다
윤 대통령은 "총선 결과는 당의 선거 운동이
평가받는 것이지만 한편으로는
정부의 국정 운영이 국민들로부터 평가받은 것"이라며
"매서운 평가를 받은 것이라고 받아들인다"고 말했다
전임 정부를 겨냥해 "무분별한 현금 지원과 포퓰리즘은
나라의 미래를 망치는 마약과 같은 것"이라면서도
"현재 국민들이 겪는 어려움을 더 세심하게 살피는 게
바로 정부의 임무"라고 덧붙였다
참패 6일 만에 나온 윤 대통령의 입장에는
국정 정책 방향과 기조설정이 옳았음에도
현재의 국민이 체감할 변화를 이끌어내지 못했다는
인식이 담겨있다
노동·교육·연금 3대 개혁과 의료 개혁에 대한
추진 의지를 강조하면서도
야당과의 협치 영수회담 등에 대한
진전된 입장은 포함되지 않아

여당 내에서도 "국민 눈높이에 부족하다"는 지적이다
민주당 한민수 대변인은
"지금까지 '용산 주도의 불통식 정치'로 일관하겠다는
독선적 선언"이라며 "불통의 국정 운영에 대한 반성 대신
방향은 옳았는데 실적이 안 좋았다는 변명만 늘어놓았다"
"국회와 긴밀히 협력하겠다고 하면서
야당을 국정운영 파트너로 인정하라는
총선 민의에 대해서는 한마디 말도 없었다"고 지적했다

## 법조인 정치

22대총선의 주제는 '비전'이나 '정책'보다
상대를 정죄하기 위한 심판이었다
총선의 주역은 모두 법조인들이었다
윤석열 대통령과 국민의힘 한동훈 대표
더불어민주당 이재명 대표 모두 법조인 출신이고
조국혁신당 조국 대표도 법대 교수 출신이다
선거결과 61명의 법조인이 당선되어
국회의석 20.3%를 차지하게 되었다
이명박 정부 이후 7명의 총리 가운데 5명이 법대 출신이다
3김시대 이후 대통령이 되겠다고 도전한
사람들 대다수가 법대출신이고
노무현 · 문재인 · 윤석열 대통령 모두 법조인 출신이다

외국 의회의 경우를 보면 법조인 출신은 제한적이다
영국은 2019년 총선에서 650명 의원 중 7.2%인 47명
프랑스는 2022-27년 임기의 하원의원 577명 중 4.8%인 28명
일본은 2021년 465명 중의원 중 3%인 14명에 불과하다
미국도 2023년 하원의원 9.4%가 판검사 출신이라고 한다
법조인은 다른 직업 출신보다

논리적으로 현상을 분석하고
법안 입안과 심의과정에서 전문성을 보인다
법조인은 형식논리로 상대의 약점을 파고들어
굴복시키는 능력을 갖고 있다
객관적 증거와 논리적 분석을 바탕으로 상대를 평가하고
판단하는 훈련을 오래 받아왔기 때문이다
우리나라는 영미법 전통과 달리 독일과 일본의
대륙법 전통을 갖고 있어 법체계가 연역적이다
미국처럼 피고가 유죄를 인정하거나
검찰에게 유리한 증언을 통해 형을 낮추는
플리바게닝(pleabargaining) 제도가 우리나라에는 없다
정해진 법 규정에 따라 연역적 추론으로
피고의 죄를 판단하고 구체적 형량으로 심판하기 때문이다
영미법은 판례 중심의 귀납적 체제이기에
절대적 판단보다는 상대적 해석을 가능하게 한다
미국에서 배심원제도가 발달한 이유도
판사의 절대적 판단이 아니라 일반 시민들의
판단도 고려의 대상이 되기 때문이다

## 대통령의 불통

여당 원로들이 윤석열 대통령의 '불통'을
총선 참패의 원인으로 지적했다
국민의힘은 4월 17일 여의도 한 식당에서
상임고문단 간담회를 열고
당 상임고문단 회장인 정의화 전 국회의장은
"이번 참패의 원인은 대통령의 불통
우리 당의 무능에 대한 국민적 심판"이라며
"한발 늦은 판단 그리고 의정 갈등에서 나타난
대통령의 독선적인 모습들이 막판 표심에
나쁜 영향을 준 게 아닌가"라고 했다

## 혼돈의 용산 대통령실

윤석열 대통령이 문재인 정부 출신
박영선 전 중소벤처기업부 장관을
국무총리 후보자에 양정철 전 민주연구원장을
비서실장에 기용하는 방안을 검토한 것으로 알려졌다
정권 교체에 성공한 보수 정부가
전 정권 인사를 내각과 대통령실에 배치한다는
파격적 구상이 알려진 뒤 여당이 발칵 뒤집히며
공개 반발하고 논란이 확산되자 대통령실은
"검토된 바 없다"고 부인했다
그러나 제3의 라인인 윤 대통령 측근 그룹에서
"검토된 것은 사실"이라며
대통령실 내부에서 다른 목소리가 나오는 등
인선을 둘러싼 혼란과 난맥상이 고스란히 노출됐다
양정철 전 원장은 문재인 전 대통령의 복심으로 꼽히며
윤 대통령을 검찰총장에 추천한 인물로 알려져 있다

"협치가 아니라 선을 넘은 것이다"
'원조 친윤'으로 꼽혔던 권성동 의원은 공개적으로
"당의 정체성을 전면으로 부정하는 인사는
내정은 물론이고 검토조차 해서는 안 된다"며
"자신을 부정하면서 상대에게 맞춰주면 안 된다"고 비

판했다

야권인사들은 "여론 떠보기 차원"이라며 "야당 파괴 공작"이라는 반응을 보였다 박지원 당선자는 "박영선 전 장관 내외와 양정철 전 위원장 모두 윤석열 대통령과 친한 것은 사실"이라면서도 "당사자들이 수락하는 것은 있을 수 없다 야당 파괴 공작"이라고 비판했다

## 대통령 긍정평가 23%

윤석열 대통령의 국정 운영에 대한
평가가 2024년 4월 19일 공개된
한국갤럽 조사에서 취임 후 최저치를 기록했다
박근혜 전 대통령 때 최순실 사태가 발생한 직후보다
2%포인크 낮은 23%였다
반대로 부정평가는 취임 후 최고치인 68%를 기록했다

윤석열 대통령은 4월 19일 더불어민주당
이재명 대표와 전화 통화를 갖고
"다음 주에 형편이 되면 용산에서 만나자"고 제안했다
이재명 대표도 "가급적 빠른 시일 내에
만나자고 회답했다"고 한다
두 사람의 만남이 성사되면
윤 대통령 취임 이후 처음으로
야당 대표와 회담을 갖게 되는 것이다

# 이스라엘 이란 때렸다

이스라엘이 이란으로부터 사상 처음
본토를 공격당한 지 6일 만인 4월 19일
이란의 군사기지에 대한 재보복을 강행했다
이번 공격은 이란이 1일 시리아 주재 영사관에 대한
이스라엘의 폭격에 대응해
13일 이스라엘 본토를 공격한 것에 대한 재보복 성격이다
이란과 이스라엘이 공격과 반격을 주고받는
'보복의 악순환'을 지속하며
긴장을 높여가는 모양새라
자칫 중동 지역 양대 군사강국 간
본격적인 전면전을 부를 수 있다는 우려가 나온다
공습당한 이스파한
40여 년 전 내가 이스파한을 관광하면서
새로운 것들을 많이 보고 온 고도로
남쪽의 '시라스' 그 위로 '이스파한'이 있고
북쪽에 '테헤란'이 있다
이스파한에는 이란 육군항공대 기지 등
군사시설은 물론이고 인근도시 나탄즈
우라늄 농축시설 등 이란의 '핵 인프라'가 밀집돼 있다
다만 국제원자력기구(IAEA)는
"이란 핵시설이 피해가 없음을 확인했다"면서

“상황을 주시하고 있다”고 발표했다
이번 이스라엘의 공격을 두고
‘제한적인 방식’으로 이뤄졌다는 분석이 나왔지만
이란은 앞으로 이스라엘의 재보복 시
“즉각적이고 최대 수준으로 갚아주겠다”고
으름장을 놓은 바 있다

## 의대 자율조정 수용

정부가 2025학년도 의과대학 증원 규모를
당초 계획의 50~100% 범위에서
대학들이 자율적으로 조정할 수 있도록 허용했다
2,000명으로 정한 2025년도 의대 증원 규모가
최대 1,000명까지 줄어들 수 있다
한덕수 국무총리는 4월 19일
중앙재난안전대책본부 회의 후 브리핑에서 이같이 밝혔다
이는 6개 국립대 총장들이 전날 건의한
'의대 자율 증원' 안을 수용한 것이다
정부는 6개 국립대학뿐 아니라 증원이 된
32개 국립·사립대 전체에 조정을 허용하기로 했다
한 총리는 "의료 현장의 갈등을 해결해 나가는
하나의 실마리를 마련하고자 결단했다"고 말했다

## 용산 초청에 한동훈 거절

윤석열 대통령이

국민의힘 한동훈 전 비대위원장을

용산 대통령실로 초청했지만

곧바로 건강을 이유로 거절한 것으로 확인됐다

4·10총선국면에서 최소 두 차례 불거진

'윤·한 갈등'이 총선 참패 이후

회복 불가능한 국면에 접어들었다는 해석이다

4월 16일 윤 대통령이 검찰 출신

홍준표 대구시장과 독대 만찬을 갖고

총선 패배 원인과 국정방향을 논의한 사실이 18일 공개되고

홍 시장이 "한동훈은 윤 대통령의 그림자에 불과하다

주군에 대들다 폐세자가 됐다"고 정면으로 비판한 이후다

한동훈 전 위원장은 홍 시장이 연일

'한동훈 배신자론'을 비롯한

참패 책임론을 부각하는 데 대해 20일

"정치인이 배신하지 않아야 할 대상은 국민뿐"이라고

페이스북에 썼다

# 불치의 병인가

기시다 후미오(岸田文雄) 일본 총리가
4월 21일 태평양 전쟁 A급 전범들의 위패가 합사된
야스쿠니 신사에 또다시 공물을 봉납했다
2021년 취임 이후 8번째다
우리 정부는 기존과 동일한
"깊은 실망과 유감을 표한다"는 입장을 냈고
이에 더불어민주당은 "일본의 몰염치한 과거사 문제에
대한 태도도 문제지만 한마디 항의도 못 하는
윤석열 대통령도 문제"라며 비판 강도를 높였다
공물을 바칠 때마다 그냥 넘기는 것을 보지 못했다
어느 쪽의 '불치의 병인지' 분간이 어렵다
"남의 제사에 왜 감놔라 대추놔라 하느냐"라는 말이 있다
쌓인 난제도 해결하지 못하는 주제에…

## 미국 131조 지원안 통과

미국 하원이 계류돼 있던
이스라엘과 우크라이나 등을 지원하는 안보 예산이
4월 20일 극적으로 승인됐다
제출된 지 반년 만에 하원 문턱을 넘은 지원안은
이번 주 열릴 상원 표결에도 가결이 예상된다
우크라이나와 이스라엘은 예산안 통과를 환영했고
러시아와 팔레스타인은 반발했다
바이든 대통령은 성명을 내고
“이 중대한 분기점에서 그들은 역사의 부름에
함께 부응해 내가 수 개월 간 싸워온
시급한 국가안보법안을 처리했다”며
“이스라엘과 우크라이나에
결정적인 지원이 될 것”이라고 밝혔다

# 일거양득 네타냐후

이란과 이스라엘이 직접 충돌한 이후
베냐민 네타냐후 이스라엘 총리가
'일거양득'한 모양새다
네타냐후 총리와 연립정부 지지율은
이란의 본토 공습 후 반등했다
네타냐후 내각은 이란에 반격하는 과정에서
이란 핵시설 인근 방공망만
정밀 타격하는 능력을 과시했다
미국 일간지 NYT는 20일
하마스의 기습공격을 막지 못했다는 책임론으로
급락했던 네타냐후 총리의 지지율이
최근 이란과의 대립으로 상당 부분 회복됐다고 보도했다

# 비서실장 정진석

윤석열 대통령이 2024년 4월 22일
신임 대통령비서실장으로 국민의힘
5선 중진인 정진석 의원을 임명했다
신임 정무수석에는 재선 의원 출신인
홍철호 전 국민의힘 의원을 기용했다
윤 대통령은 용산 청사 브리핑룸에서
비서실장 인선결과를 직접 발표했다
한국일보 기자로 시작해
5선 국회의원과 국회부의장을 역임한
정 실장의 이력을 설명하며
"당 · 야당 · 언론과 시민사회 모든 부분에
원만한 소통을 하면서 직무를 잘
수행해 주실 것으로 기대하고 있다"고 말했다
관료출신인 전임실장(김대기 · 이관섭)과 달리
정 실장은 청치인 출신이다

정진석 실장은 "여소야대 정국 상황이 염려되고
난맥이 예상된다"며
"이 어려운 시점에서 윤석열 정부를 돕고
또 대통령을 도와야 한다는 것이
저의 책임이라고 느꼈다"고 말했다

〈

더불어민주당은 정진석 실장이
노무현 전 대통령에 대한 사자명예훼손으로 재판 중인데다
이재명 대표를 “범죄자” “패륜아”로 지칭한 만큼
협치가 불가능한 인물이라고 비판했다
정진석 실장은 현재 1심에서 징역 6개월 실형을 선고받고
항소심 재판을 받고 있다
정 실장은 2017년 6월 SNS에
노무현 전 대통령 사망과 관련해
“노 전 대통령의 부인 권양숙 씨와 아들이
박연차 씨로부터 수백만 달러의 금품을 받은 혐의로
검찰 조사를 받은 뒤 부부싸움 끝에 권 씨는 가출하고
그날 밤 혼자 남은 노 대통령이
스스로 목숨을 끊은 사건”이라고 적어 재판에 넘겨졌다
법조계에선 올해 안에 선고가 날 가능성이
높다는 관측이 나온다
다만 국가공무원법이 ‘당연퇴직’ 대상에서
정무직 공무원을 제외하고 있어
대법원에서 유죄가 확정돼도 비서실장
직무는 수행할 수 있다고 한다

## 정무수석 홍철호

홍철호 신임 정무수석은 경기 김포 출신
2005년 치킨 가맹점 '굽네치킨' 사업을 시작해
전국적인 브랜드로 성장시켰다
홍 수석은 2014년 치러진
경기 김포 국회의원 보궐선거로 국회에 입문한 뒤
2016년 20대 총선에서도 당선됐다
2017년 대선 당시 바른정당 유승민 대선후보의
비서실장으로 활동했고
복당 후 국민의힘 전신인
자유한국당 김병준 비상대책위원장의 비서실장을 지냈다

# 이화영의 술판

이원석 검찰총장이 이화영 전 경기도 평화부지사의
'검찰청 술자리 진술회유' 주장에 대해
"중대한 부패범죄자가 허위 주장으로
사법시스템을 무너뜨리려는 시도"라고 비판했다
이 총장은 주장에 동조한 더불어민주당
이재명 대표를 향해서도
"공당에서 이 전 부지사 진술만 믿고
끌려다녀서는 안 된다"고 날을 세웠다
뇌물 · 대북송금 의혹 사건의 피고인인
이화영 전 부지사뿐 아니라
이재명 더불어민주당 대표를 포함한
야권 정치인들이 "술파티 진술 조작" 등으로
의혹 제기에 가세하자
검찰총장이 직접 작심발언을 하고 나섰다

# 군집위성1호 네온샛

K-우주경제 새 시대 진입…
민간 · 정부 · 학계가 공동 개발한
국내 첫 초소형 군집위성 '네온샛 1호가
무사히 궤도에 안착해 '생존신고'를 마쳤다
과학기술통신부는 4월 24일 오전 7시경
뉴질랜드 북쪽 마히아 발사장에서
초소형 군집위성 네온샛 1호를 발사했다고 밝혔다
초소형 군집위성 네온샛은 100kg 미만의
작은 관측 위성이며 총 11기가 군집을 이뤄 운영된다
올해 1호 발사를 시작으로 2026년
2027년에 각각 5기씩 발사할 예정이다
11기가 모두 궤도에 안착하면 매일
3번 이상 한반도 상공을 지나게 된다
업계에선 대형 위성보다 용도가 특화되고
상대적으로 저렴한 소형 위성 관련 산업이
가장 유망하다고 전망한다

# 노재봉 전 총리 별세

"기적의 대한민국이 자칫 멈출까 봐 안타깝다"
4월 23일 별세한 노재봉 전 국무총리가
올해 초 제자들과의 공부 모임에서
털어놓은 말이라고 한다
향년 88세의 고인은 1년 전 혈액암 판정을 받고
서울의 한 요양병원에 입원했다가
병세가 악화해 서울성모병원에서 타계했다
병원을 옮겨다니며 혈액 투석치료를 받는 중에도
"윤석열 정부가 건설적으로 잘 헤쳐나갈 수 있도록
우리가 도와야한다"는 말을 주변에 많이 했다고 한다
노 전총리가 몸담았던 노태우 정부는
1980년대말~90년대 초 격동하는 국내외
정세를 정면으로 맞닥뜨렸다
'민주화 물결'과 '소련 해체'의 난국을 풀어나가는데
노 전 총리의 역할이 적지 않았다는 평가가 나온다

## 패륜가족 상속

헌법재판소는 2024년 4월 25일
서울 종로구 헌재 대심판정에서
형제자매의 유류분(遺留分)을 규정한
민법 1112조 4호에 대해
재판관 전원일치 의견으로 위헌 결정을 내렸다
고인의 유언으로 재산을 남기지 않은
가족에게도 상속을 보장하는 '유류분 제도'가
헌법에 어긋난다는 헌법재판소 판단이 나온 것이다
간병 등을 하거나 재산 형성에 기여한 가족의
기여도 유류분에서 인정해야 한다는 판단도 나왔다
대가족시대의 여성 등 장남이 아닌 자녀에게도
상속분을 보장해주기 위해 1977년 도입된 유류분 제도가
47년 만에 수술대에 오르면서
상속제도 전반에 대대적인 변화가 이어질 것으로 보인다

유류분(遺留分)이란
고인의 뜻과 상관없이 유족들이 받을 수 있는
최소한의 유산 비율을 뜻한다
'유류'는 후세에 물려준다는 뜻이다
고인이 재산을 모두 아들에게 물려준다고
유언을 남겼더라도 아내와 딸은

법정상속분의 2분의 1을 받을 수 있다
만약 고인에게 배우자나 자녀가 없다면
고인의 부모 또는 형제자매는
법정상속분의 3분의 1을 받을 수 있다
그러나 헌법재판소의 25일 결정에 따라
이제 형제자매는 유류분을 받을 수 없다

헌재는 부모 · 자녀 · 배우자의 유류분에 대해선
유지해야 할 필요성이 있다고 판단했다
그러나 학대 · 유기 등을 한 '패륜가족'은
유류분을 인정하지 않아야 한다고 헌재는 판단했다
그러면서 부모 · 자녀 · 배우자의 유류분은
2025년 12월 31일까지 효력을 인정하는
헌법불합치 결정을 내렸다

# 제2장

## 정주영의 신문대학

## 영수회담 2차 실무 파행

대통령실과 더불어민주당이
윤석열 대통령과 민주당 이재명 대표 회담을 위한
2차 실무협상에서도
회담 의제를 두고 견해차를 좁히지 못해
윤 대통령과 이 대표의 회담 일정은
물론이고 3차 실무협의 날짜도 정하지 못했다
민주당은 1인당 25만 원의 민생회복 지원금을 비롯해
채 상병 특검법 등 구체적인 안건에 대한
대통령실의 입장을 먼저 밝히라고 요구했지만
대통령실이 "결론을 정해 놓고 만날 수는 없다
대통령실이 수용하기 어려운 의제를 요구하고 있다"고
거부하면서다
4월 25일 민주당 천준호 당 대표 비서실장과
홍철호 대통령정무수석의
2차 실무협상이 성과 없이 끝났다

# 정주영의 신문대학

억만장자들의 신문사랑은 각별하다
'신문 중독자'라고까지 불리는
워런 버핏 버그셔해서웨이 회장은
90세가 넘은 나이에도 하루에 5, 6개의
신문을 샅샅이 훑는다
청소년들에게는 "세상을 알려면 신문부터 읽어라"고
조언하곤 했다
제프 베이소스 아마존 창업자도 매일아침 신문을 읽고
커피를 마시면서 하루를 시작한다
고(故) 정주영 현대그룹 회장은 초등학교만 나와서
어떻게 명문대 출신들을 거느리고 있느냐는 질문에
"나는 '신문대학'을 나왔소"라고 했다고 한다

# 이·조보다 윤이 더 싫다

4·10총선 192 대 108…
이처럼 참담한 성적표를 받아든
여권의 앞날은 칠흑 같은 어둠이다
대통령 임기는 아직도 3년이 남았다
궤멸적 참패가 초래할 혼란과 국정난맥이 아찔하다
역대 정부에서도 여소야대는 있었지만
이번 같은 싹쓸이 구도는 이례적이다
도덕적 우위나 국민신뢰가 높아서
야당이 이긴 건 아니다
제1야당 대표는 대장동 등 여러 형사 사건의
핵심 피의자로 법정을 들락거리는 처지고
12석을 얻은 제2야당 조국혁신당엔
형사사건 피고·피의자가 즐비하다
그런데 국민들은 야당에 표를 찍었다

## 병원 내부갈등 폭발

윤석열 정부의 의료개혁에 반대하는 의대 교수들이
병원별로 날짜를 정해 휴진하겠다고 했지만
상당수 병원이 정상 가동될 것이란 전망이 나온다
환자 곁을 떠나기로 결심한 교수가 예상만큼 많지 않아서다
환자 생명을 담보로 한 집단행동이 옳지 않다고 여기는
의사도 상당수인 것으로 알려졌다
일부 의사의 '개별적 휴직 선언'에
간호사 등 병원 내 다른 직종과
갈등의 골이 깊어지고 있다는 지적도 많다

## 법으로 묶인 사회

공부 벌레로 불리는 엘리트들 그들은 모두
자기 잘났다고 생각하는 사람들이다
모래알 같이 흩어져
단결·화합 DNA는 찾아볼 수가 없으니
국가적인 사업을 생각할 여지가 없는 것 같다
육중한 석조건물 법조타운에서 질식할 듯한 환경이
그렇게 만들었을 것이라는 생각을 하게 된다
근래에 한국 정치는 이들이 점령하고 있어
답답함을 느끼게 된다
세상이 온통 거미줄같이 법으로 묶여있는 것 같은 느낌…
규제철폐(規制撤廢)를 외치는 경제계의 소리만
요란할 뿐이다

## 영수회담 합의

1987년 6월 24일 전두환 대통령과
김영삼 통일민주당 총재가 만났다
김 총재는 회담 결렬을 선언했으나
5일 후 노태우 민정당 대표의 '6 · 29선언'이 나왔다
2000년 6월 24일에는 김대중 대통령과
이회창 한나라당 총재가 만나
의약분업으로 촉발한 의료대란의 출구를 열었다
후대가 의미 있게 평가하는 영수회담이다

여야가 극한 대립을 반복한 정치 실종의 세태 속에
윤석열 대통령과 이재명 더불어민주당 대표가
2024년 4월 29일 만난다
두 사람의 첫 양자회담이다
실무진들이 의제를 놓고 1주일간이나 힘겨루기만 반복하자
이번엔 이재명 대표가 26일 "다 접어두고 만나자"고 했고
대통령실이 곧장 환영 의사를 밝히면서
시간 · 장소가 일사천리로 정해졌다
4월 29일 오후 2시 용산 대통령실에서 진행될 회담은
양측의 참모 3명씩이 배석하는 4+4형식이다
윤석열 대통령 측

정진석 비서실장 · 홍철호 정무수석 ·
이도운 홍보수석이고
이재명 대표 측은 진성준 정책위의장 ·
천준호 당대표 비서실장 · 박성준 수석대변인 등이다

## 남북 길 다 막았다

북한이 2018년 9 · 19 남북군사합의에 따른
유해 공동발굴을 위해 강원도
철원군 화살머리고지 인근 비무장지대(DMZ) 내에 만든
도로에 지난해 말
지뢰를 매설한 것으로 4월 28일 확인됐다
올 1월 최고인민회의 시정연설에서
김정은 국무위원장이 한국과의
'철저한 관계 단절'을 지시한 데 따른 조치로 보인다

## 김정은 태양

김정은 북한 국무위원장이
할아버지 · 아버지인 김일성 · 김정일에 대한 신격화를
최근 의도적으로 차단하고 있다
그 대신 자신을 '태양'으로 지칭하는 보도를 늘리는 등
우상화 작업을 본격화하고 있다
'태양'은 북한에서 최고 지도자 특히
김일성을 가리키는 표현이다
김 위원장은 2012년 집권 당시 '김일성 따라하기' 등을
통해 기반을 다졌다
하지만 집권 13년차에 접어들면서
선대의 후광을 거부하고
선대를 뛰어넘는 지도자라는 의미로
'김정은 시대'를 본격적으로 선언한 것으로 풀이된다

## 성과없는 영수회담

윤석열 대통령과 이재명 더불어민주당 대표가
2024년 4월 29일 만나 135분간
민생과 정국 현안을 논의했으나 간극만 확인했다
의료개혁 · 소통확대 · 민생 중심이라는 원칙에는 공감했지만
구체적 현안에서 평행선을 달렸다
이 대표는 회동 후 "답답하고 아쉬웠다"고 말했다
'협치의 첫발'이라는 의미는 퇴색하고
대치 정국이 심화할 것으로 보인다
다만 윤 대통령과 이 대표는 의료개혁과
소통확대 필요성 · 민생개선의 '총론적 · 대승적'으로
인식을 같이했다고 이도운 대통령실 홍보수석이 밝혔다
'첫술에 배 부르랴'라는 말이 있긴 하다

## 국민의힘 비대위원장

2024년 4월 29일 국민의힘이 당을 이끌 비상대책위원장으로

황우여 전 새누리당 대표(77)를 지명했다

4 · 10총선 참패 이후 19일 만이다

황 지명자가 5월 2일 비대위원장으로 공식 취임하면

윤석열 정부 출범 이후 6번째 국민의힘 대표가 된다

윤재옥 당 대표 권한대행 겸 원내대표는

이날 당선인 총회에서

황우여 전 대표를 비대위원장으로 지명하며

"덕망과 인품을 갖춰 공정하게

전당대회를 관리할 수 있는 분으로 생각했다"라고 말했다

이날 총회에서 지명에 반대 의사를 표한

당선인은 없었던 것으로 전해졌다

황 지명자는 총선 참패를 수습하고

6월에 열릴 전당대회 준비를 총괄한다

## 민주당 조국당 견제

4 · 10총선에 171석을 얻은 더불어민주당이

내심 조국혁신당을 견제하고 있다

민주당은 조국혁신당이 추진 중이거나 제안했던

▶ 한동훈특별검사도입법안

▶ 교섭단체 구성 요건 완화

▶ 범야권 연석회의에 미온적 태도를 보이고 있다

민주당 내에는 171석의 제1야당이

12석의 조국혁신당에 끌려다니면 안 된다는

견제심리가 작용하고 있다

조국 대표는 이재명 대표의

잠재적 대선경쟁 상대이기도 하다

## 이재명 15분 발언

윤석열 대통령과 이재명 더불어민주당
대표 회담 다음 날인 4월 30일
국민의힘에선 이 대표 요구가 지나쳤다는 비판이 쏟아졌다
김용태 당선인(경기 포천 · 가평)은 CBS라디오에서
이 대표가 15분에 걸친 모두 발언에서
윤석열 정부비판과 10가지 이상 요구를 쏟아낸 것을 두고
"사실상 국정을 포기하라고 협박하신 것 같아서
그 부분은 야당 대표로서
여당 대통령을 존중할 필요가 있지 않나"라고 밝혔다
이 대표가 한국에 독재화가 진행 중이라는
연구결과를 인용한 것에 대해서도 "(대통령) 면전에 대고
스웨덴 연구기관의 독재화를 말씀하시고
이런 것은 싸우려고 오신 것 아닌가"라고
김용태 당선인은 지적했다

## 치매의 공포

요즘 늙어가는 것이 두려워지는 게 사실이다
내 가족들 주변사람들을 알아보지 못하고
나만의 세상에서 살아가게 되지 않을까 두렵다
치매의 영어단어 'Dementia'는
'정신이 없어진다'는 라틴어의서 유래한 말이다
치매관련 이야기는 대부분
나 자신이 점점 사라지는 것 같은 이야기다
내가 길거리를 헤매고 갑자기 배우자를 의심하고
심지어 폭력적으로 변하는 것이다
돌봄으로 지친 가족들이 함께 생을 마감한다는
안타까운 뉴스들이 심심치 않게 들린다
치매환자 가족 중 절반 이상이
하루에 7시간 이상을 간병에 매달려서
직장을 그만두는 등
정상적인 일상생활이 불가능하다고 한다
환자와 가족에게 가장 큰 고통을 주는 질병으로
치매가 꼽혔다는 설문조사 결과다

# 거칠어진 홍준표

국민의힘 대선주자로 꼽히는
홍준표 대구시장의 입이 거칠어지고 있다
그는 총선 직후부터
국민의힘 한동훈 전 비상대책위원장을
거세게 몰아붙이고 있다
"정치 아이돌"
"문재인 사냥개"
"철부지 정치 초년생 애들"
"윤석열 정권 폐세자" 등으로 지칭했다
4월 16일 윤석열 대통령과 만찬회동한 뒤에는
"윤석열 대통령도 배신한 사람"이라는 말을 추가했다
이들 3인은 모두 검사 출신이다
후배를 향한 선배답지 않은
처신으로 비춰지고 있어 안타깝다

## 트럼프의 부자나라 한국

2024년 11월 미국 대선에서
공화당 후보로 나선 도널드 트럼프 전 대통령이
"왜 우리가 부유한 국가를 방어해야 하느냐"며
"한국이 우리를 제대로 대우해 주길 바란다"고 말했다
한미정부가 2026년부터 적용할
방위비 분담 협상을 시작한 가운데 트럼프가
주한미군 철수 카드를 매개로
한국에 분담금 대폭 증액을 요구하겠다는
의지를 드러낸 것이다
2019년 한국의 방위비 분담금을 5배로 늘린
50억 달러(약 6조 9,400억 원)로 증액할 것을 요구했던
트럼프가 또 이 문제를 직접 거론한 것은 처음이다
법정을 오가며 선거운동을 하고 있는 트럼프가
유권자 결집을 위해 NATO에 이어
한국동맹을 타깃으로
미국 우선주의를 강조하는 모양새다

## 지옥문 앞의 보수

"도덕이 무너진 선거"
어려운 중소 자영업자가 받아야 할
돈을 주택 구입용으로 불법 대출받은
후보가 너끈하게 당선되는가 하면
입에 담기 어려운 성적 발언을 떠벌리던
'역사학자'도 국회에 입성했다
대장동 · 백현동사건 · 공직선거법위반 · 위증교사혐의
등으로
재판을 받는 이재명 더불어민주당 후보는
오히려 굳건한 방탄성을 쌓았다
민주당의 도덕적 문제들이
'이 · 채 · 양 · 명 · 주'
(이태원 · 채상병 · 양평고속도로 · 명품백 · 주가조작의혹)
주문 앞에 묻혀버리고 말았다는 한탄이 나올법하다고
중앙일보 오피니언 이현상 칼럼은 말하고 있다

# 한 · 미성장률 2.6%

OECD 경제전망 보고서
소득 2만$ 이상 G20국 중 최고…
경제협력개발기구(OECD)가 한국의
경제 성장률을 3개월 만에 2.2%에서
2.6%로 상향조정했다
올들어 미국과 중국의 경기 회복세가
당초 예상보다 견고한 덕분에
수출이 호조를 보이고 있을 뿐 아니라
부진했던 내수도 올해 회복할 것이라고 해
가뭄에 단비처럼 반가운 소리다

# 협치 걷어찬 민주

더불어민주당이 '채상병 특검법'을
5월 2일 국회 본회의에서 단독처리했다
같은 날 여야합의로 독소조항을 제거한
'이태원참사 특별법'이 국회의 문턱을 넘었지만
야당의 입법 폭주로 영수회담 이후
첫 협치의 결과물이 빛을 바랬다는 평가가 나왔다
정치권에서는 야당이 강행 처리한 채상병 특검법에 대해
윤석열 대통령이 거부권을 행사할
가능성이 크다는 관측이 나온다
국회는 김웅 의원을 제외한 국민의힘 의원이
모두 퇴장한 가운데 민주당 등
재석 의원 168명 전원 찬성으로 통과시켰다

# 김정은 지시 테러경보

고위 탈북민 한국행이 줄을 잇자…
김정은 국무위원장의 직접적인 지시에 따른 테러위협으로
정부가 해외 5곳에 있는 우리 공관원들에 대한
북한의 테러 준비징후를 다수 입수해
5월 2일 테러경보를 기존 '관심'에서
'경계'로 두 단계 올렸다
해외공관에 대한 테러 경보가 '경계'로 상향된 것은
2016년 대테러센터 출범 이후 처음이다

# 미국 청년들 반전시위

미국 대학가에 들불처럼 번진 중동전쟁
반대 시위가 11월 미 대선의 주요 의제로 떠올랐다
애초 이 시위는 팔레스타인 민간인 피해를 낳는
이스라엘의 군사 대응과 그런 이스라엘을 지원하는
조 바이든 대통령의 정책에 대한 반대로 시작됐지만
서구사회에서 금기시되는 반유대주의와
미 수정헌법 1조가 보장하는 표현의 자유 등
폭발력이 큰 이슈와 맞물리며
낙태권 · 불법이민자 문제에 이어
표심을 가를 중대 변수가 되고 있다
바이든 대통령은 유대인을 혐오하는
반유대주의에 대해선 비판하면서도 반전 시위 등
사태 전반에 대해선
명확한 입장을 내놓지 않고 있다
시위를 주도하는 청년층을 옹호하려니
대선을 앞두고 부(富)와 영향력을 지닌
유대계 유권자와 척을 져야하는 딜레마에 빠졌다
이를 노려 친이스라엘 성향이 강한
도널드 트럼프 전 대통령은 강경 진압론을 내세우며
바이든 대통령을 아무것도 하지 않는
'무능한 지도자'로 몰아붙이고 있다

야당 공화당이 다수당인 미 하원은
5월 1일 반전시위가 빠르게 확산되는 것에 맞서
'반유대주의 인식법안'을 통과시켰다
이 법안은 유대인 대학살(홀로코스트)을 부정하거나
이스라엘을 주권국가로 인정하지 않는 행위를
'반유대주의'로 규정하고 있다

## 바이든 애매한 중립역풍

미국 경찰이 4월 18일부터
대학가 시위진압에 나선 뒤 5월 2일까지 44개 대학에서
약 2200명이 연행 또는 체포되었다
이렇듯 미 대학가에서
중동전쟁 반대 시위가 거세지고 있지만
바이든 대통령의 선택의 폭은 넓지 않았다
친팔레스타인 성향인 젊은 층도
미 주류사회에 영향력이 큰 유대계도
포기할 수 없는 그의 고뇌는 장고 끝에
5월 2일 내놓은 연설에서 여실히 드러났다
"법치주의와 표현 자유는 함께 지켜야 한다"며
어느 쪽 손도 들어주지 않았다
하지만 이는 양측 모두에게 공격의 빌미를 제공해
야당 공화당은 즉각 "대통령 실종상태"라며 공세를 펼쳤고
민주당 측에서도 "애매한 중립은
정치적 고립을 자초한다"는 우려가 나왔다

# 봄이 왔네요

이재용 삼성전자 회장이 5월 3일 오전
7시 30분 경 유럽 출장을 마치고
서울 김포비즈니스항공센터를 나오며 취재진에게
"봄이 왔네요"라고 인사를 했다
삼성전자가 1분기(1~3월) 반도체 부문에서
2조 원에 육박하는 영업이익을 올려
5개 분기 만에 흑자 전환된 가운데
이 회장이 이 같은 발언을 해 주목을 끌었다
이 회장은 4월 23일부터 10일 동안
독일 · 이탈리아 · 프랑스 등을 돌며
비즈니스미팅을 이어갔다
이 회장은 4월 27일엔 바티칸 사도궁에서
프란치스코 교황을 알현했고
이후엔 프랑스 파리에서 올림픽 체험관 준비상태를
점검한 것으로 전해진다
삼성전자는 국제올림픽위원회(IOC)의 공식 파트너사다

# 제3장

## 시대가 고민할 문제

## 자식 부자

경남 의령군에는 자녀를 10명이나 낳은
자식 부자가 있다
박상용(50) · 이계정(48)씨 부부가 주인공이다
그동안 이들 부부와 10남매에게 어린이날은
평일과 별반 다르지 않았다
대가족이 움직여야 하는 등 여러 가지 형편상
가족끼리 여행을 하거나 외식을 하기 힘들어
평소처럼 지낸 경우가 많아서다
그런데 올해는 생각지도 못한 깜짝 선물을 받게 됐다
윤석열 대통령이 두 부부와 10남매를
'용산 어린이날 행사'에 초청하면서
1박 2일 서울 나들이를 갖게 됐기 때문이다

박 씨 부부는 서울토박이다
2002년 2년간의 연애 끝에 결혼했다
둘 다 이름만 대면 알 만한 번듯한 직장에 다녔다
그러다가 2004년 맏딸 예서를
2006년 둘째 예아를 낳았다
이후 셋째 예훈이를 임신했는데
주변의 반응은 사뭇 냉소적이었다
"서울에서 아이를 셋이나 낳아

어떻게 키우려고 하느냐"는
우려의 목소리도 있었다
결국 이 같은 부정적 시선에 고심하던
박 씨 부부는 경남 의령에서
새로운 터전을 꾸리기로 결심했다
박 씨는 "마침 장인 장모께서 1년 전에 연고가 있는
의령에 내려와 계셔서
이곳에서 함께 살기로 마음먹었다"며
"여기라면 자연속에서 아이들을 낳아
마음껏 기를 수 있겠다 싶었다"고 말했다
2007년 의령으로 내려온 박 씨 부부는 이후
자신들에게 주어진 소중한 생명을 거부하지 않고
7명의 자녀를 더 낳았다

# 세계 대학가 반전시위

미국 컬럼비아대를 시작으로 미국 전역에 번진
반전시위가 세계 곳곳으로 확산되고 있다
프랑스 · 독일 · 영국 · 아일랜드 · 스위스 · 캐나다
인도 · 멕시코 등 다양한 국가서
가자지구 전쟁에 반대하는 시위가 열렸다
시위대는 "팔레스타인에 자유를"
"대량학살 중단" 등의 구호를 외치며 농성을 이어갔다
중동 레바논에 있는 베이루트아메리칸대 학생 수백 명은
최근 팔레스타인 국기를 흔들며 거리를 행진했다

## 명품백 수사

이원석 검찰총장이 윤 대통령의 부인
김건희 여사의 명품백 수수 의혹에 대해
"신속히 수사하라"고 지시하면서 검찰이
수사에 속도를 내고 있다
더불어민주당 등 야권은
"'김건희 특검법'을 거부하기 위한
명분을 쌓으려는 것"이라고 반발했다
김 여사는 2022년 9월 자신의 사무실을 방문한
최재영 목사로부터 300만 원 상당의
명품백을 받은 혐의를 받고 있다
당시 최 목사는 몰래카메라로 가방을 주는 과정을 촬영해
유튜브 방송 '서울의 소리'에 공개했고
'서울의 소리' 측은 지난해 12월
김 여사와 윤 대통령을
청탁금지법 위반 혐의로 검찰에 고발했다
검찰은 서울의 소리 측도 최대한 빨리 조사할 방침이다

## 어린이날 행사

윤석열 대통령이 2024년 5월 5일 102회
어린이날을 맞아 전국의 어린이들과
가족 360여 명을 청와대 연무관으로 초청해
어린이날 기념행사를 열었다
윤 대통령은 "할아버지도 여러분 나이 때
어린이날이 오기를 손꼽아 기다렸다"며
"1년 내내 어린이날이어야 하지만
이날은 특별한 행사를 통해
어린이 여러분이 건강하게 자라나길 바라는
어른들의 소망을 담아 축하하는 것"이라고 말했다
이날 행사에는 양육시설 및 가정위탁 아동
농어촌 · 도서벽지 주거 아동 · 장애아동
다문화가정 아동 · 다둥이가족 등이 초청됐다
이날 행사에는 경남 의령군에서 온 10남매 가족도 있었다
김건희 여사는 행사에 불참했다
민주당이 김 여사의 도이치모터스 주가조작 의혹에
명품백 수수의혹을 공격해오면서
공개행보를 자제하고 있는 것으로 보인다

## 민주당에 대한 경고

22대 총선 압승을 거둔 더불어민주당이
잊지 말아야 할 사실 하나가 있다
의석수에선 절반을 훌쩍 넘는 171석을 휩쓸었지만
정당지지율은 26.7%로
국민의힘 36.7%에 뒤졌다는 사실이다
정권심판이 이뤄진 만큼 이제부터는
행정부를 압도할 만큼 막강해진 민주당에 대해서도
국민들의 견제심리가 작동할 수밖에 없다
민주당이 책임감을 보여주지 못하고
거대 야당의 권력을 남용하는 오만한 모습을 보인다면
다음번 심판의 화살은
민주당과 이재명 대표에게 쏠릴 것이다

## 브라질의 대홍수

브라질 남부에서 역대 최대의 홍수로
최소 78명이 숨지고 105명이 실종되는 참사가 벌어졌다
4월 19일부터 이어진 폭우로
497개 도시 중 300곳 이상이 피해를 입고
12만여 명의 이재민이 발생했다
이번 사태는 브라질 역사상 최악으로 기록된
1941년 대홍수보다 더 심각한수준이다
글로벌 기상학자들은 이번 홍수를
기후변화로 적도 부근 해수면 온도가 높아진
'엘리뇨'의 영향으로 보고 있다

# 진보정치의 퇴장

22대 총선 뒤풀이가 요란한 가운데
무감하게 잊히는 정당이 있다
진보정당 운동의 본령인 정의당이다
정의당은 이름 없는 '기타 정당'으로 분류될 만큼
미미한 지지율을 기록했다
총선 일주일전 117명의 지식인들이
녹색정의당 지지를 선언하면서
"녹색정의당이 없는
한국정치는 상상할 수 없다"고 호소했다
그러나 22대 총선에서 녹색정의당이 의석 확보에 실패해
원외 정당으로 밀려났다
2004년 민주노동당의 원내 진입을 기점으로 하면
진보정당 운동이 20년에 걸친 여정 끝에
다시 원점으로 돌아온 셈이다

무상급식 · 무상의료 · 비정규직 문제
경제민주화 · 재벌개혁 · 부유세 등
원내 진보정당의 의제와 제안이 시대 정신이었다
이렇게 진보정당을 통해
한국사회를 바꾸고자 하는 열망이 모아져
한때 국회의석 13석 당 지지율 20%의 빛나던

시절이 있었지만 좌절되고 말았다
우리나라 뿐 아니라
5월 6일 중남미의 파나마 대통령 선거에서
경제활성화를 공약으로 내세운
중도 우파 호세 라울 물리노 후보(65)가 당선됐다
2023년 11월 아르헨티나에 이어 파나마에도
우파 정권이 들어서면서 중남미를 휩쓸던
좌파에 제동이 걸렸다

## 최태원 회장이 던진 화두

최태원 대한상공회의소 회장(SK그룹 회장)이
“여태까지 해왔던 대로 하면
‘대한민국은 괜찮은 겁니까’라는 질문을
전 사회에 던져야 할 때”라고 말했다
최 회장은 최근 연임기념 기자간담회에서
“이전의 방법이 별로 효과가 없었다는 게
개인적 의견”이라며 “저성장 · 저출산 등의
당면과제를 해결하기 위해
국회 · 정부 · 경제계 · 시민사회가 함께
새로운 방법을 모색해야 한다”고 말했다

최 회장이 던진 화두는 우리사회가 함께
진지하게 고민해야할 질문이다
5월 6일 한반도미래연구원이 발간한 보고서를 보면
한국은 소멸을 향해 달려가는 기관차와 같다
7년 뒤엔 절반이 50세 이상이 되고 9년 뒤엔
초등학교 입학생이 지금의 절반이다
14년 뒤엔 군대 유지에 필수적인
신규 입영 대상자가 20만 명 밑으로 추락
20년 후에는 국내 생산가능인구가 약 1천만 명 줄어든다
아직 선진국 대열에 안착하지 못했으면서

벌써 1%대의 저성장의 늪에서 헤어나지 못하고 있다
미래 성장을 이끌 새로운 대표선수를 찾지 못해
2000년대 이후 10대 수출 품목은 거의 변화가 없다
한국 경제에 축복이던 중국 효과는 사라졌다
이제 한국 경제는 반도체 하나에만 의존해
위태로운 외발뛰기를 계속하고 있는 형국이다
한국을 경이의 눈으로 바라보던 해외 각국은
이제 걱정스러운 시선을 던지고 있다

최근 영국의 FT는 '한국의 경제기적은 끝나'라는
기사를 통해 "한국식 국가 주도 성장 모델이
한계에 봉착했다"고 분석했다
한국경제가 정점을 찍고 내려갈 일만 남았다는
'피크 코리아'론도 확산하고 있다
하지만 한국은 느긋하기만 하다
한국이 '1호 인구소멸국가'가 될 것이란 경고가 나온 게
18년 전인데 그동안 출산율은 오히려 악화되고만 있다
예정된 소멸의 위기에서 대한민국을 구출하려면
저출산 · 저성장 문제 해결에 다걸기(총력)를 해야 한다
아이 낳기를 주저하는 환경자체를 근본적으로 바꿔야 한다
당장 효과를 보기 어렵다는 이유로
고통스럽다는 이유로
더 이상 미뤄서는 안 된다는 게 동아일보 사설이다

## 민정수석 부활

윤석열 대통령이 5월 7일
대통령실 민정수석비서관을 복원하고
윤석열 정부 초대 민정수석에
검찰출신 김주현 전 법무부차관(63)을 발탁했다
민정수석 폐지 대선 공약이 취임 2년 만에 파기됐다
야당은 "검찰 장악을 통해
가족을 사법리스크에서 구하려는 것"이라고 비판했다

## 푸틴 5번째 차르 대관식

블라디미르 푸틴 러시아 대통령이
2024년 5월 7일 취임식을 치르고
다섯 번째 임기를 시작했다
모스크바 크램린궁 안드레엡스키홀에서
취임 선서를 한 푸틴 대통령은 연설에서
"러시아가 이 어렵고 중요한 시기를 위엄있게 보내고
더 강해질 것이라고 확신한다"면서
"우리는 단결됐고 위대한 국민이며
모든 장애물을 극복할 것"이라고 말했다
우크라이나와의 전쟁이 3년째 이어지는 상황에서
6년 임기를 시작하게 된 그는
"러시아는 서방과 대화를 피하지 않는다"며
"안보와 전략적 안정에 대한 대화를 할 수 있지만
대등한 조건에서만 가능하다"고 말했다
또 다국적 세계 질서를 형성하기 위해
파트너들과 계속 협의하겠다고 밝혔다

# 이스라엘 라파시가전

2024년 5월 7일 이스라엘군 기갑부대가
가자지구 최남단 라파 지역으로 진입해
주요 도시와 이집트 국경에 설치된 검문소를 점거했다
지상병력이 라파 시가지로 진입해
하마스 지하 시설을 수색하는 등
시가전을 본격화할 채비를 하고 있다
전날 하마스가 휴전을 제안했지만
이스라엘은 중재안을 일축하고
라파에서 군사작전을 이어가기로 결정했다
다만 이스라엘은 대표단을 파견해
중재국과 협상을 계속하기로 했다

## 5월 8일 어버이날

어버이날 큰며늘아기가 카네이션을 가슴에다 달아주었다
이보다 앞서 5월 4일에는 작은딸 내외가 저녁을 먹자고 해서
큰아들 내외와 함께 외식을 했다
어버이날 행사를 미리 한 셈이다
선물도 받았다

정작 5월 8일 어버이날 나는 우체국에 가서

대법원장
서울고등법원장
서울중앙지방법원장에게
내용증명원을 띄우면서
90평생 상상도 못한 시련을 겪으면서
비장한 마음으로 '독한 글'을 보냈다

못난 아비로 인해
자식들이 고생한다고 생각하니 앞뒤를 가릴 수가 없었다
미국에 사는 작은 아들과 출가한 두 딸까지 합세해
우리를 잘 키워준 새엄마(큰딸의 말)에게
분에 넘치는 위자료를 마련하는 모습에

고맙고 대견하다는 생각에 앞서
치밀어 오르는 분노를 참을 수가 없었다
그릇된 재판이 빚은 비극이라는 데에 이르다 보면
그 분노는 자제력을 억제할 수가 없었다

# 헌법소원서

헌법재판소
이종석 소장님 귀하

안녕하십니까?

저는 원고 임용원과 이혼소송에서 원고에게 자산분할액 818,000,000원을 지급하라는 판결을 받은 피고 김제방입니다.

2024년 2월 20일 서울중앙지방법원으로부터 '2023타경 112661 부동산강제경매' 통보를 받았습니다

매각물건:
1회 1,800,000,000원 매각일 2024. 2. 29.
2회 1,440,000,000원 2024. 4. 9.
3회 1,152,000,000원 2024. 5. 16.
4회 921,600,000원 2024. 6. 20.

1회와 2회는 유찰되었습니다.

앞으로 3회와 4회의 강제경매가 실시될 예정입니다.

만일 4회에서 매각이 이뤄질 경우 921,600,000원이 됩니다.

그런데 원고에게 지급하는 금액은 818,000,000원 그대로라고 합니다.

이는 자산 분할이 아니라 자산몰수에 해당하는 것이라 사료되어 헌법소원서를 제출합니다. 선처하여주시기 바랍니다.

2024년 5월 9일

김 제 방

# 김일성 일가 우상화

김일성 · 김정일 · 김정은으로 이어지는
3대에 걸쳐 우상화와 체제 선전을 주도한
김기남 전 북한 노동당 선전선동담당 비서가 사망했다
조선중앙통신은 5월 8일
"노환과 다장기 기능부전으로
병상에서 치료를 받아오던 김기남 동지가
끝내 소생하지 못하고 2024년 5월 7일 10시
애석하게도 94세를 일기로 서거했다"고 밝혔다
김정은 국무위원장이 '국가장의위원회 위원장'을 맡아
국장을 치른다고 한다

2011년 12월 17일
27세 청년 김정은은 아버지 김정일의 운구차를 뒤따랐다
긴장한 얼굴로 눈물만 흘리던 김정은에 대해
당시 우리 당국은 "재빠르게 원로들을
휘어잡고 전권을 휘두를 수 있을지 의문"이라고 평가했다
10년이 흘러 2021년 북한 노동신문은
김정은을 '위대한 수령'이라 불렀다
'수령'은 김일성에게만 붙이는 사실상 고유명사다
김정은이 아버지 김정일을 넘어 김일성반열에 올랐다고
스스로 선언하는 상징적으로 인식됐다

당시 국정원은 “북한에선 ‘김정은주의’를 새로운
독자 사상체계로 정하는 시도가 있다”고 했다
시간이 더 흘러 2024년 김정은은 조용히
하지만 과감한 발을 더 내디뎠다
북한 관영매체는 대놓고 김정은을
‘태양’이라 부르기 시작했다
‘태양’은 김일성을 가리키는 표현이었다

## 3고 주춤

'3고' 주춤…, 국내 증시 '꿈틀'
고금리 · 고환율 · 고유가로 주춤했던 국내 증시에
최근 외국인 자금이 다시 유입되고 있다
'3고'가 다소 누그러질 기미를 보이면서
위험자산 선호 심리가 커진 것으로 해석된다
다만 지정학적 위험과 통화정책 불확실성이 여전해
당분간 '박스피(박스권+코스피) 탈출은
어려울 것이란 전망이 나온다
코스피가 최근 급등한 것은 이탈했던
외국인이 다시 국내 증시로 발길을 돌렸기 때문이다

## 박찬대 민주당 원내대표

"혁신하고 투자하는 대기업을 적극 지원하겠습니다"
박찬대 더불어민주당 신임 원내대표는
5월 8일 한국경제신문과의 인터뷰에서
자신의 공인회계사 경력을 강조하며
"회계사는 기본적으로 기업을 돕는 사람"이라고 말했다
이어 "저는 충분히 친기업"이라며
혁신 기업에 대한 지원을 거듭 약속했다
공인회계사 출신인 박 원내대표는
4·10총선에서 3선(인천 연수갑) 고지에 오르며
원내 사령탑이 됐다
박 원내대표는 "대기업은 규모의 경제를 통해
연구개발(R&D) 투자를 주도할 수 있다"며
"그런 측면에서 대기업에 우호적"이라고 했다

오너경영에 대해서도 "오히려 혁신과 투자를
더 잘할 수 있다"며 긍정적으,로 평가했다
삼성전자의 반도체
현대자동차의 전기차사업이 세계 최고라며
"오너 경영을 하는 대기업이기에 가능한 것"이라고 했다
다만 재계의 불법·편법 경영에 대해서는
입법부가 엄정하게 대응하겠다고도 했다

박 원내대표는 "민주당이 지적하는 것은
대기업 중심의 기득권화 · 상속 과정에서 발생하는
부당 내부거래 힘과 지위를 이용한 중소기업 죽이기"라며
"올바른 경쟁 환경 속에서
기업이 국가 발전의 큰 원동력으로 기능할 수 있도록
정치가 그 역할을 다해야 한다"고 했다

## 윤 대통령 취임 2주년

집권 3년차를 맞은 윤석열 대통령은
2024년 5월 9일 용산 대통령실에서
'윤석열 정부 2년 국민보고 및 기자회견'을 통해
향후 3년 국정 운영계획을 밝혔다
윤 대통령은 "중요한 것은 경제"라며
"앞으로 3년 국민의 삶 속으로 깊숙이 들어가
정부의 노력이 실질적인 민생의 변화로 이어지도록
더 열심히 챙기겠다"고 말했다
윤 대통령은 오전 10시 용산청사 집무실에서
대국민 메시지를 22분간 발표하고
이어 기자들이 있는 브리핑룸으로 이동해
정치 · 외교안보 · 경제 · 사회 분야에 걸친
20개 질문에 답했다
대통령실 출입 기자와의 질의응답은
예정된 60분을 넘겨 73분간 진행됐다

## 집권 3년 차

윤석열 대통령은 "과거 경제성장을 강력하게 추진한
경제기획원처럼 저출생대응기획부를 설치해
공격적이고 강력한 컨트롤타워 역할을
맡기려고 한다"고 말했다
연금개혁과 관련해서는
"임기 내 국회와 소통하고 사회적 대합의를 이끌어내서
개혁안을 확정하겠다는 생각"이라며
"이를 위해 정부도 적극 협력하겠다"고 말한
윤 대통령은 김건희 여사 명품 가방 수수 의혹에
"제 아내의 현명하지 못한 처신으로
국민께 걱정을 끼쳐드린 부분에 대해서 사과드린다"고
했다
다만 김 여사 특검에는 반대한다는 뜻을 다시 확인했다
해병대원 사망사건 특검법에 대해서는
경찰과 공수처의 수사 결과를 지켜본 뒤 미진하다면
먼저 특검수사를 요구하겠다고 약속했다

# 저출생부 설치

윤석열 대통령은 5월 9일 기자회견에서

“저출생 고령화를 대비하는 기획 부처인

‘저출생대응기획부’(저출생부)를 설치해

공격적으로 강력한 컨트롤타워 역할을 맡기려 한다”며

“저출생부 장관이 사회부총리를 맡게 해

교육 · 노동 · 복지를 아우르는 정책을 수립하고(저출생 대응이)

국가 어젠다가 되도록 하겠다”고 밝혔다

윤 대통령은

“저출생 문제는 시간을 두고 진행할 문제가 아니고

국가 비상사태라고 할 수 있다”며

“박정희 대통령 때 기존 부처로는 곤란하다고 해

‘경제기획원’을 만들고

콘트롤타워 역할을 하면서

고도성장을 이끌었다”고 배경을 설명했다

윤 대통령의 저출생부 신설 방침에는

지금의 대통령 직속 저출산고령화위원회가

제 역할을 못하고 있다는 판단이 깔려있다

# 국힘 원내대표 추경호

국민의힘 새 원내대표로 TK(대구 · 경북)
3선 추경호 의원이 선출됐다
이로써 주호영 · 윤재옥 의원에 이어
세 번 연속 TK 출신이 여당 원내대표를 맡게 됐다
추 신임 원내대표는 5월 9일 열린
당선인 총회에서 총 102표 중 70표를 얻어 경쟁자인
이종배(4선 · 충북 충주) 21표
송석준(3선 · 경기 이천) 11표를 제치고
원내대표에 당선됐다
대구 출신 추 원내대표는 고려대 경영대를 졸업했다
제25회 행정고시에 합격해 금융위원회
부위원장 · 기획재정부 1차관 · 국무조정실장 ·
기획재정부 장관 겸 부총리 등 요직을 두루 거쳤다

# 104세 김형석 교수

국내 최고령 철학자
김형석(104) 연세대 철학과 명예교수가
윤 대통령에게 이렇게 제언했다
"윤석열 대통령이 리더이기 때문에
어떤 주장을 하면 장관들은 모두 그 주장을 따라갑니다
그러니까 대통령은 장관이 아닌
다방면의 학자들을 만나야 합니다
일주일에 한두 번씩 티타임을 하면서요"
김 명예교수는 한국사회의 가장 큰 문제로
"지도층 대다수가 국제감각이 부족한
법조계 인사인 점"을 꼽았다

"법조계 출신의 약점은 국제 감각이 없다는 겁니다
열심히 공부해서 고시합격하고
사법연수원에 들어간 사람들이라 여행도 못하고
외국에서 공부해 본 적도 없어요
이제는 세계를 봐야 합니다
세계 속에서 한국이 어떤 위치인지 알아야 합니다
여야가 밤낮 싸울 게 아니라
세계가 어떻게 변하고 있는지 보라는 말입니다"
교육자로 오랜 세월을 살아온 그는

"다양성과 창의성이 부족한 점"을
한국교육의 가장 큰 문제로 봤다
5월 9일 신간 출간 『김형석 백년의 지혜』 기념
기자간담회에서 그는 윤 대통령이
"사상적 뒷받침 · 역사적인 지식을 갖추지 못했다"고 하면서
"늙지 않는 비법으로 공부와 일을 계속하라"고도 했다

# 부처님 오신 날

5월 15일 부처님 오신 날을 맞아서
대한불교 조계종 진우 총무원장이 5월 9일
서울 견지동 총무원 청사에서 기자간담회를 열었다
진우 스님은 "제4차 IT산업혁명을 넘어
AI 시대를 맞고 있다"고 운을 뗀 뒤
"아무리 과학이 발달해도 인간 내면의
괴로움을 없앨 수는 없다 극락 세상을 살아도
내가 불편하면 지옥"이라며 행복은 결국
마음에 달렸음을 역설했다
불교는 마음의 종교이자 명상의 종교다
진우 총무원장은 앞으로 오게 될
제5차 산업혁명을 내다보며 "그건 필시
정신문명의 개혁이 될 것"이라고 했다

# 제4장

## 자멸국가의 내부분열

## 시민사회수석 전광삼

윤석열 대통령은 2024년 5월 10일
신임 시민사회수석에 전광삼 전 시민소통비서관을 임명했다
이번 인사로 4·10총선패배 이후 이뤄진
3기 대통령실 인선이 마무리됐다
정치인·언론인 출신을 기용 정무 기능이
보다 강화됐다는 평가가 나온다
정진석 비서실장은 이날
용산 대통령실에서 이 같은 인선 안을 발표했다
전광석 신임수석은 서울신문 기자 출신으로
대통령실 춘추관장·방송통신심의위원회 상임위원 등을 지냈다
이번 인선으로 3기 대통령실은
'3실·7수석' 체제로 확대돼 기존 '3실 6수석'에서
민정수석이 추가됐다

3기 대통령실은 정치인 출신이 대거 기용된 것이 특징이다
정진석 실장은 5선에 국회부의장을 지냈고
홍철호 정무수석도 재선 의원 출신이다
정무감각이 있는 전·현직 의원을 기용해

여소야대 국면에 대응하려는 의도로 풀이된다
윤석열 대통령은 이날 서대문구 독립문 영천시장을 찾아
장바구니 물가 상황을 점검했고
이후 청계천을 방문해
산책 나온 직장인 등 시민들과 만났다
윤 대통령은 또 추경호 신임 국민의힘 원내대표에게
취임 축하 난을 보내기도 했다
그러면서 "지금 경제 문제가 가장 중요한 시점"이라며
"경제부총리를 했기 때문에
그 어느 때보다 기대치가 높다 국민들의
진짜 살림살이가 나아지는 방향으로
더 많은 노력을 해줄 것으로 믿고
대통령실도 노력하겠다"고 말했다고
홍철호 정무수석이 전했다

## 황우여 어당팔

황우여 "전대 연기 한동훈 위한 것 아니다
당내 비판 에너지로 쓸 것"…
황우여 국민의힘 비대위원장은
'전당대회 연기론'과 관련한 당내 비판에
"(비판) 말씀이 다 힘이 된다
저의 에너지로 사용하겠다"고 하면서
"원래 당이란 건 시끌벅적한 것"이라며 이렇게 말했다
그러면서 "이런 걸 두려워하지 말고 마음껏 얘기하시라"
"비대위원장은 (비판 말씀을) 선택해 나가면 된다"고 덧붙였다
당내에서 "황 위원장의 별명인
어당팔(어수룩해 보여도 당수가 8단)식 대처"라는
평가가 나왔다

## 박주선 이야기

중앙일보 이하경 칼럼…
30여 년 전 잘나가던 검찰 간부가 내게 말했다
"법은 코에 걸면 코걸이 귀에 걸면 귀걸이입니다
손볼 사람은 어떻게 든 손봤고
봐줄 사람은 끝까지 봐줬어요"
'법을 흉기로 타락시켰다'는 고백이었다
박주선 전 국회부의장이 그 증거다

그는 서울대 법대를 나와
사법시험에 수석 합격한 수재였고
최고의 특수부 검사였다
그러나 친정인 검찰의 표적수사로 네 번 구속됐고
모두 무죄로 풀려났다
세계 유일의 기록이어서 기네스북에 올랐다
수사했던 후배 검사들은
"아무 잘못이 없으니 풀려날 것"이라고 했지만
결과는 매번 달랐다
"윗선의 압력 때문"이라고 실토했다
퇴임한 윗선 노무현 전 대통령을 만나
"이럴 수 있느냐"고 항의했고
"미안하다"는 사과를 받아냈다고 한다

이는 이현령 비현령(耳懸鈴 鼻懸鈴) 이야기로
법조인들이 헌법 제103조에 매달려 만들어낸
부조리로 후일담(後日譚)만이 아닌 현재진행형이다

## 60대 목사가 성폭력

경기도 김포시 한 교회 60대 담임목사가
여성 신도 8명을 대상으로 성범죄를 저질렀다는
고소가 접수돼 경찰이 수사에 나섰다
경기 의왕경찰서는 준강간과 강제추행 혐의로
김모 씨(68)를 입건해 조사하고 있다고 5월 12일 밝혔다
김 씨는 2021년까지 군포시 한 교회의
담임목사로 재직하면서
여성 신도들에게 성범죄를 저지른 혐의를 받고 있다

# 황우여 비대위

5월 12일 황우여 국민의힘 비대위원장이

정책위의장에 장점식 의원(경남 통영 · 고성)

사무총장에 3선 성일종 의원(충남 서산 · 태안)을 임명했다

추경호 원내대표는 여야 협상실무를 하는 원내수석부대표에

배준영 의원(인천 중 · 강화 · 옹진)을 선임했다

비대위원에는 유상범 · 전주혜 · 엄태영 의원과

여당 최연소 당선인인

김용태 당선인(경기 포천 · 가평)이 합류한다

황우여 비대위는 당연직인

친윤 추경호 원내대표

장점식 정책위의장을 포함해 7인체제로 출범한다

## 법원정보 북에 털려

북한 정찰국 산하 해킹조직 라자루스가
법원 전산망에서 빼간 개인정보 등
자료가 A4용지 26억 장에 해당하는
1TB(테라바이트)가 넘는 것으로 드러났다
5월 12일 경찰청 국가수사본부는
라자루스가 2021. 6월 ~ 2023. 1월까지
법원행정처 전산망에 악성코드를 심어
빼돌린 자료가 총 1014GB(기가바이트)로
확인됐다고 밝혔다
이는 A4용지 약 26억 2100만 장에
해당하는 분량이다

# 헌법소원서(2)

헌법재판소
이종석 소장 귀하

사건명
1. 서울가정법원 2020드합40696 이혼 및 자산분할
2. 서울고등법원 2022르22517 이혼 등 청구의소
3. 대법원 2023AM12645 이혼 등 청구의소
4. 서울중앙지방법원 2023타경112661 부동산강제경매

원고 임용원
피고 김제방

안녕하십니까? 저는 2020년 11월부터 2024년 5월까지 4년간 황혼이혼 소송으로 고통에 시달린 90 늙은이입니다.

1. 원고 임용원은 서울가정법원 조사관(장보현) 앞에서 "집을 나갈 때 이혼할 생각하지 않았고, 위자료 5천만 원과 자산분할 10억 원도 요청한 일이 없으며, 나는 모르는 일입니다."라고 진술한 바 있습니다. 결국 2022년 7월 19일 서울가정법원(판사 김현정)은 기각판결을 내렸습니다.
2. 원고 임용원은 서울고등법원에 상소하면서 이혼하지 않는 조건으로 3억 원을 요구하였고, 피고인 저는 1억 원

과 매월 생활비 70만 원을 지급하겠다고 했습니다. 그러나 김시철 담당판사는 2023년 4월 20일 의외로 이혼과 동시에 자산분할 818,000,000원을 선고했습니다.

재판은 별첨 1. 『망국의 법조계 패거리들』 43~51쪽에서 설명하고 있습니다.

3. 이에 불복해서 2023년 5월 24일 대법원에 상고했습니다. 대법원에서는 8월 18일 '심리불속행기각' 판결로 소송은 종결되었습니다.

4. 서울중앙지방법원은 2024년 2월 20일 부동산 강제경매 통보를 해왔습니다.

이에 대해 피고인인 저는 서울고등법원의 부당한 판결과 대법원의 '심리불속행기각' 판결로 정신적인 피해는 물론 재산상의 손실을 보았습니다. 법원의 부당한 판결과 국가권력의 전횡에 속수무책인 저는 헌법재판소에 이를 호소하는 방법 외에는 다른 방법이 없습니다. 국가를 상대로 손해배상 청구소송 등 구제방법 유무를 알고 싶습니다. 선처하여주시기 바랍니다.

별첨 1: 『망국의 법조계 패거리들』

2024년 5월 14일

김 제 방

# 최재영 목사 검찰출석

김건희 여사에게 몰래카메라로 촬영해
명품 가방을 전달한 통일운동가 출신
재미교포 최재영 목사가 5월 13일 검찰에 출석했다
"사건의 본질은 김 여사의
대통령 권력 사유화"라고 주장했다
그는 "김 여사의 이권개입과 인사 청탁이
저에게 목격돼 취재가 시작됐다"며
"아무것도 받지 않았으면
아무일도 일어나지 않았다"고 말했다
나 어릴 때 들은 말이 문득 떠오른다
"말세에는 불가사리가 나타나 쇠를 씹어먹는다"고 했다
진위(眞僞)를 떠나 목사의 언행이 마치
'불가사리가 쇠 씹어먹는 소리'로 들린다

## 한국인 엽기살해

태국 파타야의 한 호수에서
30대 한국인 남성이 숨진 채 발견됐다
시신은 시멘트로 채워진 플라스틱 통에 담겨있었고
신체 일부가 훼손된 상태였다
경찰은 태국경찰과 공조해
한국인 피의자 3명을 특정하고
이 중 귀국한 이모(28)를 전북 정읍에서 체포하고
이모(27)는 캄보디아에서 체포된 것으로 파악됐다
다른 피의자 김모(39)를 추적하고 있다

# 검찰 지휘라인 교체

김건희 여사를 둘러싼
'도이치모터스 주가조작 사건 의혹과
'디올백 수수 의혹' 수사를 지휘하는
서울중앙지검 지휘부가 모두 교체됐다
신임 서울중앙지검장에는 윤 대통령이 검찰총장일 때
대검찰청 대변인을 지내는 등
'친윤 검사'로 분류되는 이창수(53) 전주지검장이 임명됐다
법무부는 13일 이런 내용이 담긴
검사장 · 고검장급 39명에 대한 인사를 발표했다
이번 인사는 이원석 검찰총장이 디올백 사건과 관련해
전담수사팀 구성과 신속 · 엄정 수사를 지시한 지 11일
윤 대통령이 김주현 대통령실민정수석 비서관을 임명한 지
6일 만에 단행됐다

2년 동안 김 여사 사건을 총괄한
송경호 서울중앙지검장(54)은 부산고검장으로
디올백 사건을 지휘하는 김창진 1차장검사(49)와
도이치모터스 사건을 맡고 있는 고형곤 4차장검사(54)는
각각 법무연수원 기획부장과 수원고검 차장검사로 이동했다

김 여사 수사를 총괄했던 서울중앙지검 지휘부가
'승진 인사'를 통해 전면 물갈이된 것이다
검찰 내부에선 지난해 9월 인사 이후
8개월 만에 발표된 이번 인사가
시기적으로 이례적이라는 평가가 나왔다
법조계 관계자는 "검찰이 정쟁의 한복판으로
끌려들어갈 수도 있다"고 말했다
야당은 "김 여사 수사 방탄의 서막"이라고 강하게 반발했다

# 개혁은 적 만드는 일

윤석열 대통령이 5월 14일
정부가 추진하는 교육 · 노동 · 연금 등 3대 개혁과
의료 공백사태에 대해 “개혁이라고 하는 것은
지금과 같은 세상에서는 적을 많이 만드는 일로
뭔가를 빼앗기는 쪽에서는
정말 ‘정권퇴진 운동’을 하게 된다”
“그렇지만 그런 정치적 유불리를 따지지 않고
제 임기 동안 반드시 (개혁) 문제를 짚고 넘어가겠다
그냥은 안 되겠다”고 했다
의대 정원 확대 정책 추진 후 의료계 집단 반발로
의료공백 사태가 지속되는 상황에서
의대 정원 증원을 흔들림 없이 추진하겠다는
의지를 밝힌 것으로 풀이된다

## 추락하는 교권

2024년 5월 15일은 43번째 스승의날이다
'스승의 그림자도 밟지 말라'는 옛 가르침이 있지만
'선생의 똥은 개도 먹지 않는다'는 속담도 있다
추락하는 교권…, 5년간 1,133명 학생 · 학부모에 맞았다
2018~2022년 교권침해 11,000건 절반 이상이
교사 모욕 · 명예훼손…,
스승의날을 맞은 교사들은
"최고의 선물은 교권보호"라고 입을 모은다
한국교총 조사에서 '다시 태어나면
교직을 선택하겠다'는 응답이 19.7%에 그쳤다

# 명심이 민심

더불어민주당에서
이재명 대표 '일극체제'가 뚜렷해지고 있다
국회운영도 명심(이재명 의중)만 있을 뿐
다른 목소리는 실종됐다
국회의장 유력 후보 입에서 '명심이 민심'이란
'이비어천가(李飛御天歌)가 흘러나올 정도다
견제 · 균형에 기반한 다양성이 자취를 감추고 있는
민주당의 앞날이 걱정스럽다
22대 국회 192석 거야의 중심이 될 민주당이
그에 어울리는 '공당'이 맞는지 묻게 된다
'명심' 논란은 22대 국회 전반기 국회의장 경선에서
정점을 치닫고 있다
조정식 · 정성호 의원의 전격 사퇴로 친명계 후보가
교통정리 되면서 경선은
사실상 추미애 당선인으로 기울었다
정당 원내대표가 입법부 수장 경선에 관여하는 것도
부적절하지만 사정이 이러하니
"이재명 대표의 '보이지 않는 손'이 작용한 것 아니냐는
의구심을 가질 수밖에 없다"는 것이
경향신문 논설이다

당내에선 “자괴감이 든다”는 우려의 목소리가 없지 않지만
대다수는 이 대표의 기세에 눌려 침묵하고 있다
이 대표는 ‘친명횡재 · 비명횡사’라고 비판받는 공천을
공천혁명이라고 자찬하는가 하면
당선인들에게 “당론 입법을 무산시키는 일은
없었으면 좋겠다”며 당내 민주주의를 무시하는
발언을 거리낌 없이 하고 있다
다양성이 사라진 정당은 결코 건강할 수 없다
이상신호에 민감하게 반응하기 어렵고
다수의 침묵 속에 견제장치 없이 폭주하기 쉽다
내부결집력도 오히려 손상되면서
당 전체의 역량도 약화된다
권력이 오만하면 절제할 줄 모르게 되고
힘을 남용하게 마련이다
민심은 그런 오만을 반드시 심판한다고 했다

## 독도에 간 조국

조국 조국혁신당 대표가 5월 13일 독도를
갑자기 방문하자 일본 정부가 항의하는 소동이 벌어졌다
독도에 들어간 조 대표는
"(네이버가 일본에 투자한) 라인야후사태를 주도하는
일본 총무성 마쓰모토 다케아키 장관의 외조부가 되는
이토 히로부미(伊藤博文)로
조선 침탈의 선봉장이었다"고 주장했다
윤석열 정부의 대일외교를 공격하면서
"친일 정권을 넘어
종일(從日)·숭일(崇日)정권"이라고 몰아부쳤다

12석을 얻은 군소정당의 대표로서
정부의 외교정책에 대해서는
얼마든지 다른 관점을 제시하거나 비판할 수 있다
그러나 라인야후 사태를 비판하기 위해
독도를 끌어들인 것은 그야말로 엉뚱한 대응이다
조국 대표는 과거에도 반일을 정치적으로 이용하는 행태로
여러 차례 물의를 빚은 일이 있다
문재인 청와대의 민정수석 시절에는
동학혁명을 소재로 한 노래인 '죽창가'를

페이스북에 올리기도 했다

법원의 1,2심 유죄 판결로 대법원에서

국회의원 자격 상실형이 선고될 수도 있는

정치인이 반일선동을 자기 정치에 이용한다는

지적을 피하기 어려워 보인다는 것이 중앙일보의 사설이다

# 미중 슈퍼관세 전쟁

금년 11월 미국 대선에서 맞붙을
조 바이든 대통령과 도널드 트럼프 전 대통령이
대중국 관세 인상경쟁에 나면서
전 세계 무역이 극도의 불확실성에 직면했다
두 사람은 서로의 공약이 허술하다며
"내가 더 강도 높은 정책을 펼 것"이라고 외치고 있다
중국은 맞보복에 나설 뜻을 밝히고 있고
이 같은 움직임이 유럽 등으로 번질 조짐도 있어
대외 의존도가 높은 한국 경제에 또 하나의
위험요인이 될 것이라는 우려가 나온다

## 중국에 가는 푸틴

5월 16-17일 중국을 국빈 방문하는
블라디미르 푸틴 러시아 대통령이 15일
미국을 강도 높게 비판했다
"타국 이익을 해치는
신식민지적 수법을 쓰고 있다"고 주장했다
반면 러시아와 중국의 관계는 역대 최고 수준이며
시진핑(習近平) 중국 국가주석을
"현명한 정치인"이라고 평했다
미국이 관세 인상 등 대중국 무역 제재를
강화하는 상황에서 중국과 밀착해 이런
미국과 맞서겠다는 뜻을 분명히 했다
7일 다섯 번째 임기를 시작한 푸틴 대통령은
취임 후 첫 해외 방문지로 중국을 택한 것에 대해
"유례없이 높은 수준의 양국 간
전략적 동반자 관계 때문"이라며
"양국 수교 75주년이자 중화인민공화국
건국 75주년인 올해는 양국민 모두의 특별한 해"라고
했다

푸틴 대통령과 시진핑 주석은 집권하기
전에 박정희 대통령 관련 서적을 수집한 이력이 있다

이들은 성공한 박정희 대통령의 리더십을
연구한 것으로 알려지고 있다
시진핑 국가주석은 2005년에 한국을
방문해 박근혜 당시 한나라당 대표를 만나
회담하고 박근혜 대표는 그의 요청으로
박정희 대통령 관련 서적을 박스로 보낸 일이 있다

## 악연의 상봉

윤석열 대통령이 부처님 오신 날 5월 15일
조국혁신당 조국 대표와 대면했다
문재인 정부 당시 '조국 사태'를 계기로
악연(惡緣)이 된 윤 대통령과 조 대표가
5년 만에 공식 석상에서 처음으로 만난 것이다
윤 대통령은 서울 종로구 조계사에서 열린
불기 2568년 부처님 오신 날
봉축법요식에 참석해 축사한 뒤
행사를 마친 후 퇴장할 때 참석한
주요 정치권 인사들과 악수를 나눴다
윤 대통령이 조 대표에게
"반갑습니다"라고 말하며 손을 내밀어
악수를 청했고 이에 조 대표는 "…"
별다른 말은 하지 않은 채 악수에 응했다고 한다

## 의대 증원 예정대로

정부가 추진해온
의과대학 정원 2,000명 증원 집행정지 신청 항고심에서
법원이 정부의 손을 들어줬다
이로써 정부의 2025학년도 의대 증원 및 배정 계획은
예정대로 추진할 수 있게 됐다
서울고등법원 행정7부는 5월 16일
의대생 · 교수 18명이 의대 증원 및 배정 결정의
효력을 멈춰달라며 보건복지부와 교육부 장관을
상대로 낸 집행정지 신청에 대해
각하 · 기각을 결정했다

## 국회의장 후보 우원식

우원식 더불어민주당 의원이
22대 국회 전반기 국회의장으로 사실상 확정됐다
당초 친명계의 지지를 받은
추미애 전 법무부 장관이 당선될 것이라는 예상을 깨고
이변을 일으켰다는 평가다
5선인 우 의원은 5월 16일 국회에서
열린민주당 국회의장 후보자 경선에서
재적 당선인 169명 중 89대 80으로 당선됐다

## 초강경 추미애 비토

찐명 · 개딸의 '어의추'(어차피 의장은추미애)로 몰고 가자…

"선 넘었다" 역풍 불었다

22대 국회 전반기 국회의장 후보를 선출하는

더불어민주당 경선에서

5선의 우원식 의원이 9표 차로

6선인 추미애 당선인을 꺾은 것에 대해

당내에선 "역대급 이변"이란 반응이다

지난주까지만 해도 강성당원들과 친명계

의원들의 공개 지지 속에 추 당선인을

추대하는 분위기로 흘러갔다

하지만 주말을 기점으로 당 중진들이

"추미애는 안 된다"는 '비토론'을 펼치면서

막판에 결과가 뒤집혔다는 것이다

원내대표에 이어 국회의장까지 '명심'대로 갈 경우

이재명 대표의 연임에 부담이 될 수 있다는 의견도

'어의추' 기류에 제동을 건 것이란다

## 김건희 여사 공개 행보

윤석열 대통령의 부인 김건희 여사가
5월 16일 훈마네트 캄보디아 총리 부부와
공식 오찬에 참석하며 153일 만에
공식 석상에 모습을 드러냈다
윤 대통령이 김 여사의 명품 가방 수수
문제를 공식 사과한 지 1주일 만이다
김 여사는 이날 용산 대통령실에서
한·캄보디아 정상회담에 이어 열린
오찬 행사에 참석했다
김 여사는 2023년 12월 15일
윤 대통령의 네덜란드 방문에 동행했다가
귀국한 뒤 명품 디올백 수수 논란이 불거지며
잠행을 이어왔다

## 자멸국가

냉전(冷戰) 해체 이후
인류 절반을 좌우했던 소련 제국의 멸망에
관한 성찰들은 그 붕괴의 원인이
전쟁 같은 외부 요인이 아니라
철저하게 내부 요인 때문이었다는 점을 규명했다
인간 자유와 자아실현의 부재
이념·파당을 넘는 국가 전체의 방기
국가 기재의 작동 불능
내부 분열과 파쟁으로 인한 최후 충돌 등이
그런 내부 여인들이다
실제 거대 제국이 무너지는 광경은
일대 충격인 동시에 역사적 장관이었다
로마제국 쇠망에 대한 대저작을 남긴 역사가에 따르면
자연과 시간
외부의 침략과 파괴
자원과 물질의 남용이 아니라 내부 불화와 적대가
가장 치명적인 쇠망 원인이었다
외부 전쟁에는 승승장구했던 로마제국도
내부 분열이라는 적에는 패배했던 것이다

현대 사회과학을 정초한 최고 학자에 따르면

장엄한 고대 문명의 몰락이라는 로마 붕괴의
드라마는 외부의 일격으로 갑자기 도래하지 않았다
로마의 본질과 정신 내부로부터의 변질에 기인했다
외부 요인은 오랫동안 진행되던 내부 요인이
종지부를 찍었을 뿐이었다

오늘의 대한민국은 물질문명 · 기술 수준 · 국가 경제와
국력 면에서 세계 한자릿수 등위
또는 선두권에 있다
몇몇 첨단 상품 · 기술 · 문화 · 경제 · 국방 · 과학 · 의료
분야의 세계 순위는 10위권은 물론 4~6위
심지어 1~3위를 차지한다
이 땅에 사람이 살기 시작한 이래 오늘처럼
한국 문명의 위상과 넓이가 세계 앞자리에 선 적은 없었다
여러 국제기구에 따르면 한국은 산업화 시작
이후 국가 경제나 1인당 소득의 증가 속도에서
세계 최고를 기록한 바 있다
그들은 박정희 대통령의 산업화 정책이후
한 세대도 안 되어 '제1세계'에 진입한 국가로 분류했다
모든 나라가 같이 벌인 경주에서 한국은
추월을 거듭하며 질주했다
이 과정에서 한국인이 바친 땀과 희생은
우리 모두를 숙연하게 한다

어떤 종합 국력지표에서는 한국이
일본과 프랑스를 연속적으로 제치고 있다
국제 체제 이론에 따르면 한국은 '제국'과
'국가' 사이 '준제국'의 위상에 올라선 것이다
근대 시기에 영국 · 프랑스 · 독일 · 일본과
비등하거나 넘어서는 위상이다

그러나 이미 여러 차례 강조하였듯 인간과
생명의 부정적 지표에서도 한국은 단연 앞자리에 선다
출산(出産)도 자살(自殺)도 청년사망(靑年死亡)도
노인 빈곤(老人貧困)도
인구소멸 · 지방소멸 · 국가소멸 지표도 그러하다
자기 보존과 자기 연장을 근본 존재 이유로 삼는 인간과
국가가 어떤 외부 침략이나 요인도 없이
스스로 자기 생명과 자기 연장 중단의 경로를 가고 있다
자멸적 선택
자멸 국가 경로다
소련과 로마처럼 청나라 멸망의 단초 역시
제국의 절정에서 비롯되었다는 통찰은 오늘의
한국인의 모골을 송연하게 한다
한국은 여러 국제비교 지표에서 보듯
내부갈등(內部葛藤)에서 세계 선두권이다
제국과 나라를 파멸로 이끄는 최고 원인인
내부 갈등을 극복할 제도와 리더십 · 능력과

지혜를 보여주지 못하고 있다
아니다 반대다
상대 진영에 대한 증오와 청산 의지 때문에
그런 제도나 인물을 향한 이성과 열정을
애당초 갖고 싶지 않은 것이다
개인과 가정도 마찬가지지만
스스로 갈라져 지탱한 나라는 없다
스스로 갈라져 발전한 나라는 더욱 없다
종교와 정치와 역사의 일관된 근본 가르침이다
인간(人間)과 생명(生命)
나라와 전체 문제에 관한한 자멸(自滅)로 달려가는
물줄기를 반드시 돌려야 한다
문명의 멸망에 관한 인문역사와
생명체의 멸종에 대한 자연과학의 최고
지혜들은 놀랍게도 결론이 같다
진리라는 뜻이다
한번 소멸의 길로 접어든 문명과 생명체들을
되돌린 사례는 극히 적다
아니 거의 없다
자멸은 말할 필요도 없다
치료제가 없기 때문이다
지금 우리는 아직 너무 늦지는 않았다고
중앙일보 중앙시평에서
박명림 연세대 정치학 교수가 말하고 있다

# 제5장

## 외화내빈 21대 국회

# 개헌론 띄우는 여야

5 · 18민주화운동 44주년을 하루 앞둔
여야는 5 · 18정신이 헌법 전문에 수록돼야 한다고
한 목소리를 냈다
더불어민주당은 여당이 반대하는
'민주유공자법'도 함께 추진하겠다고 했다
조국혁신당은 5 · 18정신 헌법 수록을
포함해 당장 재임중인 윤석열 대통령의
임기부터 단축하는 '제7공화국 개헌'을 주장했다
여야 정치인들은 5월 18일 민주화운동
기념식에 대거 참석할 예정이라고 하는데
화해를 하자는 것인지
싸움을 하자는 것인지 분간하기 어렵다
내부분열은 망국의 전조라고 했는데…

## 국회의장 경선 갈등

더불어민주당 국회의장 후보자로 선출된
우원식 의원이 5월 17일
정청래 수석최고위원과 정면충돌했다
의장 경선 결과를 에둘러 비판한
정 최고위원에 대해 우 의원이 불쾌감을 드러내면서다
시작은 경선 직후인 16일 정 최고위원이
올린 "당원이 주인인 정당 아직도 갈길이 멀다"라는
페이스북의 글이었다
당원들의 지지를 받던 추미애 당선인이
탈락하고 우 의원이 선출된 것을 꼬집은 발언으로 해석
됐다
정 최고위원은 "상처받은 당원과 지지자
들에게 미안하다"며 "이재명 대표를
중심으로 똘똘 뭉쳐 정권교체의 길로 가자"고 주장했다
우 의원은 그런 정 최고위원을 겨냥해
"적절하지 않다"며 설전은 계속되었다

친명계 인터넷 커뮤니티에도 공분 섞인 반응이 쏟아졌다
국회의장 후보자 경선 결과 발표 직후
이재명 대표 팬카페인 '재명이네 마을'에는
"민심에 대한 반역"

"당원을 무시하는 처사"
같은 분노가 줄을 지어 올라왔다
"아직도 민주당 내에 '잔 수박'이 남아
있다는 증거"라는 비난도 이어졌다
분노의 화살은 민주당 당원들에게 쏟아졌다
"우 위원이 선출된 이후 이름 모를
당원들의 항의성 '문자폭탄'이 쏟아지고 있다"며
"주로 '배신이다 지켜보겠다'는 내용"이라고 전했다

# 친윤·친한 파열음

4·10총선 참패 원인을 분석한 국민의힘
총선백서 작성 과정에서 5월 17일
친윤(친윤석열)계와
친한(친한동훈)계 의원들이 말다툼을 벌였다
친한계 인사들은 백서가
'한동훈 책임론'에 무게를 두었다며 반발 강도를 높였다
여기에 북한은 17일 단거리 탄도미사일
여러 발을 동해상으로 발사하고
16일엔 관영매체 담화에서
"'조한관계'는 되돌려 세울 수 없게 되고 있다"고 주장했다
남북관계에 대해 기존 '북남관계' 대신
'조한관계' 즉 조선과 한국이란 표현을
처음으로 사용한 것이다
사방 어디를 둘러봐도 숨이 막힐 정도로
분열(分列)과 대립(對立) 뿐이다

## 넘쳐나는 법조인

지금 대한민국에는
'말세에 나타나 쇠를 씹어 먹는다'는
불가사리가 나타난 것은 아닌지…
문재인 · 이재명 · 조국
종북좌파 · 생계형좌파 · 강남좌파로
세 사람의 색깔이 다르지만 이들이
정치권 한복판에 있는 한
나라는 편치 않을 것이란 생각이다
이들은 모두 법조인 출신들이다
이들을 제재하는 일은 그래도 위신이
땅에 떨어진 법조계가 할 일이다

# 보자기 없는 투우사

투우사의 손엔 보자기가 있다
달려드는 소의 공격을 피하고
유인하기 위한 보자기다
투우사에게 유일한 무기가 보자기인데
윤석열 대통령에게는 보자기가
없는 투우사로 보인다
보기만 해도 아슬아슬하다

## 5 · 18 44주년 기념식

여야 정치인들은
5 · 18민주화운동 44주년 기념식에 대거 참석했다
윤석열 대통령은 5월 18일 오전 광주 북구 운정동
국립 5 · 18민주묘지에서
5 · 18유공자 · 유족과 손을 맞잡고
'민주의문'을 통과해 방명록에 "우리의
자유 · 번영 · 미래를 이끄는 오월정신"이라고 썼다
기념식 마지막에는
'임을 위한 행진곡'도 제창했다
윤 대통령은 기념사를 통해
"대한민국이 5월 정신으로 자유민주주의 꽃을 활짝 피워내
국민 한 사람 한 사람이
세계 어느 나라와 비교해도 전혀 부족함이 없는
정치적 자유와 인권을 누리고 있다"고 밝혔다
윤 대통령은 취임 이후 3년 연속 5 · 18기념식에 참석했다

# 애석하도다

국가발전의 시발이 된 5 · 16혁명은 잊혀가고 있다
국론분열을 촉발시킨 5 · 18민주화운동은
문전성시를 이룬다
이게 대한민국의 '자유 · 공평 · 정의'의 표상인가?
세상인심이 왜 이리 각박하단 말인가?
애석하도다! 통렬하도다!
통탄! 통탄! 또 통탄할 일이로다!

# 5 · 18때 주한미군사령관 별세

1979년 12 · 12사태
1980년 5 · 18 광주민주화운동 당시
주한 미군사령관 겸 한미연합사령관을 지내며
신군부의 쿠데타 및 광주 무력 진압을 용인했다는
평가를 받고 있는 존 위컴 주니어 전 미국 육군참모총장이
5월 11일 사망했다 향년 96세
1928년 뉴욕주 돕스페리에서 태어난
그는 미 웨스트포인트를 졸업하고
베트남전 등에서 활약했다
1979~1983년 한미연합사령관으로 재임
박정희 대통령 시해 · 신군부 집권 등
한국 현대사의 격동기를 목격한 사람이다
5 · 18 당시 신군부가 "질서 유지를 위해
육군 20사단을 광주로 보내려 하니
한미연합사의 작전통제권을
잠시 이양해 달라"고 요청하자 수락했다

## 문재인 회고록 논란

국민의힘은 문재인 전 대통령이 발간한
외교안보정책 회고록과 관련해 일제히 맹공을 퍼부었다
문 전 대통령이 5월 18일 발간한 회고록
『변방에서 중심으로』에서 재임 5년간
남북정상회담과 순방외교 등에 대한 소회를 밝혔다
특히 김정은 북한 국무위원장이 핵을 쓸
생각이 없었다는 주장을 실었다
“자기(김정은)에게도 딸이 있는데 핵을
머리에 이고 살게 하고 싶지 않다”는 것이다

나경원 국민의힘 당선인은 이에 대해
“여전히 김정은 대변인의 한계에서
벗어나지 못하는 것 같다”며 “핵 개발을
합리화하는 북한의 전형적인 궤변을 아직도
두둔하고 있다”고 비판했다
안철수 의원도 “미국보다 북한과 김정은의
말을 더 신뢰하는 듯하다”며
“문 전 대통령이 써야 할 것은 회고록이
아니라 참회록”이라고 주장했다

문 전 대통령은 회고록에서 2018년

김정숙 여사의 인도 방문이 인도 측 초청에
따른 '영부인 단독 외교'였다고 주장했다
이에 대해 배현진 의원은 페이스북에
"제가 국정감사를 통해 외교부가 김정숙
여사를 초청해달라고 인도 측에 타진한
'셀프초청' 사실을 확인했다"며
"일정표에 없던 타지마할 방문까지 했다
국민을 어찌 보고 능청맞게 웬 소리냐"고 지적했다

# 헌법재판소 회신

헌법재판소

1. 청구하신 심판사건
   사건번호 2024헌마 452로 접수되었다는
   문자메시지가 5월 20일 도착했다

2. 보정명령
   사건 2024헌마430 재판취소
   청구인 김제방
   ① 청구인과 임용원 사이에 이혼 및 재산
   분할의 소 판결문 일체를 제출하여 주시기 바랍니다
   ② 강제경매절차가 신청인의 취하 등으로
   종료되었는지 확인하여 주시기 바랍니다

# 이란 대통령 사망

테헤란의 도살자라고 불린 강경 보수
지도자 에브라힘 라이시 이란 대통령이
헬기 추락 사고로 사망했다고
5월 20일 이란 정부가 공식 확인했다
이란 내각은 모하마드 모흐베르 수석 부통령이 소집한
긴급회의 후 성명에서
라이시 대통령 일행의 '순교'를 공식 발표
"국정은 아무런 차질 없이 운영될 것"이라고 밝혔다
이란 국가 원수 아야톨라 알리 하메네이 최고지도자의
강력한 후계자로 지목됐던 라이시 대통령의 사망으로
이란 지도부에 공백이 생겼다
라이시 대통령은 금년 4월 이스라엘 본토를
직접 공격하고 지난 해 10월부터
팔레스타인 무장단체 하마스를 지원하는 일을 주도했다
이란 내에선 정치범 처형 히잡 의문사
반대 시위를 잔혹하게 탄압해 '테헤란의 도살자'로도 불렸다

## 네타냐후 체포영장

국제형사재판소(ICC)가 가자지구 전쟁범죄에
대한 책임을 묻기 위해 이스라엘과
팔레스타인 무장정파 하마스 지도자들을
상대로 체포영장을 요청했다고 5월 20일
CNN이 보도했다
ICC가 처음으로 미국의 동맹국인 이스라엘
지도자에 대한 체포 영장을 발부했다는
점에서 이례적이라는 평가가 나온다
칼린 칸 ICC 검사장은 네타냐후 이스라엘
총리와 하마스 정치 지도자 야히아 신와르를
상대로 체포영장을 요청했다

## 법조인 망국론

법률가 천국이 소환한 '법조인 망국론'
법조인의 전성시대다
윤석열 · 노무현 · 문재인 등 전 · 현직 대통령을
비롯해 이재명 더불어민주당
대표 한동훈 국민의힘 비대위원장
조국 조국혁신당 대표 등 모두 법조인
또는 서울대 법대출신이다
22대 총선에서 법조인 출신 당선자도
역대 최고인 61명이다
법조인이 국정과 정치의 중심에 서 있는
것은 지극히 한국적인 현상이다
법조인은 적지 않은 한계를 가진 존재다
공부를 잘한다는 것은 수십 가지 능력 중 하나에 불과하다
우수한 성적은 단지 그 사람이 시험치기의
명수였음을 증명할 뿐이다
정답이 없는 문제에 도전하려 하지 않고
과거의 성공 체험에 매몰돼 독단에 빠질 가능성이 크다
법조인의 가장 큰 문제는
경영과 경제를 모르고 정책수립과 집행
글로벌 경험이 부족하다는 점이다
법률과 판례가 세상의 전부인 것으로

착각하기 쉽고 상상력과 창의력도 부족하다
사후적 판단에는 능하지만 밑바닥부터
무(無)에서 유(有)를 창조해본 경험이 없다
을(乙)의 심정을 헤아리는 공감 능력이 부족하고
이면에 있는 인간과 사회에 대한 이해가 떨어진다
법조인에 대해 지나친 환상을 갖거나 능력을
과대평가해서는 안 되는 이유라고
한국경제신문 오피니언
다산칼럼 김종민 변호사의 글이 인상적이다

# 10번째 거부권

윤석열 대통령이 5월 21일
더불어민주당 주도로 본회의를 통과한
'채상병 특검법'에 대해 거부권을 행사했다
윤 대통령 취임 후 10번째 거부권이다
장외투쟁을 예고한 야당이
5월 28일 21대국회 마지막 본회의를 열어
국회로 돌아온 특검법 재결의를 추진하겠다고 천명하면서
정국이 정면충돌 양상으로 빠져들고 있다

## 이재용의 AI 승부수

삼성전자가 5월 21일 반도체(DS) 사업의 수장을
전영현 미래사업기획단장(부회장)으로 전격 교체했다
미래사업기획단장에 기존 DS 부문장이었던
경계현 사장을 임명했다
최근 AI반도체 등 여러 반도체 사업이
경쟁사에 각개격파당하며 수세에 몰리자
이재용 회장이 쇄신의 칼을 빼든 것으로 보인다
과거 이건희 선대회장의 '인사리더십'이
연상된다는 평가가 나온다
13년 전 이 선대회장은 한여름인 7월에 이례적으로
'불시 인사' 카드를 꺼내 들며
조직에 긴장감을 불러일으켰다
회장 취임 1년 반에 접어든
이재용 회장이 이번 전격 인사를 통해
현재의 위기를 극복하겠다는
메시지를 낸 것으로 풀이된다

## 상고하저 현상

대통령 취임 초반에 지지도가 높지만
대세 하락해 마지막엔 낮다는 상고하저(上高下低)…
극단적 사례가 YS(김영삼)로 83%까지
올랐다가 6%까지 떨어져 정권 재창출에 실패했다
노무현 대통령은 초반 20~30%대에 머물렀는데
나중에는 10%대로 떨어져 정권
재창출에 실패했다
문재인 대통령은 81%대로 시작해
42%로 비교적 높게 끝났지만
정권 재창출엔 실패했다
예외가 MB(이명박)였다
초기 20%대를 넘나들다가
2년 차부터 4년 차까지 줄곧 36% 이상을 기록했고
정권 재창출에 성공한 사례로 기록되고 있다

## 신경림 시인 별세

민중시 「농무(農舞)」로 1970년대
한국 민중문학의 새 지평을 열고
오랜 시간 독자들에게 사랑을 받아온
신경림(89) 시인이 5월 22일 별세했다
1935년 충북 충주에서 태어난 그는
1972년 10월 유신이 선포되고
산업화가 피크에 이르던 73년 37세에
자비로 첫 시집을 찍었지만 도통 팔리지 않았다
대신 사람들을 만날 때마다 선물처럼 책을 건넸고
점차 입소문이 났다
2년 뒤 1975년 시집이 재출간됐다
창비시선 1호가 된 '농무'…
대표작 「농무(農舞)」에는 산업화로 황폐화된
농촌의 쓸쓸한 분위기가 담겨있다
신경림 시인은 대장암 7년 투병에도
말년까지 창작의지를 보였다

## 테헤란의 도살자

이란 테헤란 남쪽에 하바란엔
묘비가 없는 공동묘지가 있다
원래 무슬림이 아닌 사람들이 묻히는 곳이었는데
1988년 이란 당국이 정치범을 대규모로 처형한 뒤
이곳에 시신을 가져다 버렸다
가족들이 발견했을 때
시신들을 매장도 하지 않은 채 쌓여있었다고 한다
이란 정부는 추모를 막았다
무덤을 식별할 수 있는 표지를 없애고
묘지를 불도저로 밀어버렸으며
꽃도 심지 못하게 석회와 소금물을 뿌렸다
최근엔 2m높이의 콘크리트 벽으로 둘러싸
밖에서 바라볼 수도 없게 했다

처형은 1980~88년 이란-이라크 8년
전쟁 말기부터 시작됐다
희생자들은 이란인민전사 · 공산당원 등 좌파들로
1979년 호메이니가 팔레비 왕정을 전복할 때
같은 편에서 싸운 전사들이었다
그러나 이들은 호메이니혁명 성공 뒤
반체제 세력으로 몰렸고

주로 평화시위를 하다가 체포된 이들이다
당시 이란 전역에서 5천~3만 명이
처형된 것으로 추정하고 있다
호메이니가 처형 명령을 내렸고
'죽음의 위원회'로 불리는 4인위원회가
'재심'을 해 교수형 판결을 내렸다
각 판결에는 5분도 안 걸렸다고 한다
4인위원회 중 한 명이 19일 헬기사고로
외교부장관 등과 함께 숨진 에브라힘 라이시 대통령이다
1988년 28세로 수도의 검찰청 차장으로 일하던 그에게
'테헤란의 도살자'라는 별명이 붙었다

강경파인 라이시 대통령은 집권 이후에도
반정부시위를 가혹하게 탄압했다
2022년 22세 여성이 히잡을 느슨하게 썼다는 이유로
'도덕경찰'에 끌려갔다가
의문사하는 사건이 벌어졌다
당시 정부의 강경진압으로 500여 명이 숨졌고
2만2천여 명이 체포됐다

최고 지도자 알리 하메네이를 겨냥해
'독재자에게 죽음을'이란 구호가 등장했다
"(헬기 사고로)이 쉬운 죽음은 그들에게 충분하지 않아요
그들은 법정에 개처럼 끌려가 재판을 받고

고통스러운 처벌을 받다가 죽었어야 해요"
이란 북부 라히잔에 사는 한 사람(55)이
미국 NYT에 밝힌 소감이다
그러나 테헤란 광장엔 라이시 대통령의
죽음을 애도하는 인파가 운집하기도 했다
이란에도 사람 사는 곳이니까…

## 이혼했어도 혼인무효소

이미 이혼했어도 '합의 없는 결혼' 등의
특별한 사정이 있었다면 혼인 자체를
무효로 할 수 있다는 대법원 판단이 나왔다
이는 1984년부터 이어져 온 판례를 40년 만에 바꾼 것이다
대법원 전원합의체(주심 노태악)는
5월 23일 이혼한 배우자를 상대로 A씨가 낸
혼인무효 확인 청구소송 상고심에서
원고의 청구를 각하·기각한 원심 판결을
전원일치 의견으로 파기하고
사건을 서울가정법원으로 돌려보냈다
대법원은 조희대 대법원장이 취임한 뒤
약 6개월 만에 첫 전원합의체 판결을 선고했는데
전원합의체는 대법원장이 재판장을 맡아
대법관 12명과 함께 다수결로 판결한다

## 반도체 산업에 26조 원

윤석열 대통령은 "반도체가 민생"이라며
26조 원 규모의 반도체 지원 대책을 직접 발표했다
정부가 연구·개발(R&D) 세액공제 적용 범위를 확대하고
올해 말 종료되는 국가전략기술세액공제 연장도 추진한다
전세계적인 반도체 전쟁에서 국내 기업들이
뒤지지 않도록 지원한다는 취지이지만
기존 대책들과 별 차이가 없어 '재탕'이라는
평가와 함께 감세 기조가 이어지는데 대한
비판도 제기된다

## 노무현 15주기 추도식

노무현 전 대통령 15주를 맞아 5월 23일
추도식에 야권인사들이 집결했다
문재인 대통령을 비롯해
이재명 더불어민주당 대표
조국 조국혁신당 대표
김경수 전 경남지사 등 민주당의
현권력과 구권력이 한자리에 모였다
이 대표는 "다름을 인정하는 것이 민주주의"라 했지만
'이재명의 민주당'과 거리를 둔
친노 · 친문계와 불편한 기류도 읽혔다
추도식에 소환된 '깨시민(깨어있는 시민)'해석은 동상이몽…
노무현 전 대통령이 지향했던 '깨시민'의 모습은
현재 민주당이 강성 팬덤처럼
특정인에 대한 무비판적 추종과는 달랐다는
비판이 제기됐다

## 의대증원 확정

정부의 의대 입학증원 확대 절차가 공식
마무리됐다 의대 정원이 늘어나는 것은
1998년 이후 27년 만이다
이에 따라 전국 의대 40곳은 내년도
신입생 4,567명을 선발한다
한국대학교육협의회(대교협)는 5월 24일
제2차 대입전형위원회를 열고 2025학년도
'대입전형 시행계획 변경사항'을 승인했다
전국 의대 40곳의 모집인원은 지난해
3,058명에서 1,509명 늘어난 4567명이다
의사단체는 심의 결과에 대해 강하게
반발했다 다만 '증원 확정시 일주일 휴진'을
예고했던 전국의대교수 비상대책위원회는
이날 휴진방침을 철회하고
"지금처럼 중증·응급 환자를 진료할 수밖에
없는 상황"이라며 한발 물러섰다

# 외화내빈 21대 국회

21대 국회가 5월 29일로 끝난다
역대 최다입법 발의(25,846건) 기록을
남겼지만 가결율은 17대 국회 이후
11.4%로 최저다
특히 중요한 민생법안은 줄줄이 폐기될
처지라고 한다
'외화내빈'이란 비판이 나오는 이유다

연금개혁을 두곤 마지막까지 정치적 공방을 거듭하고 있다
이재명 더불어민주당 대표가 5월 24일
"연금개혁을 위한 그간의 노력을 무위로
돌리지 말고 대타협을 이뤄내야 한다"
고 하자 추경호 국민의힘 원내대표가
"여야 합의도 없이 본회의를 강행하고
일방적인 채상병특검 처리를 위해
연금개혁까지 정략적으로 활용하고 있다"고 맞서고 있다
국회연금개혁특위가 논의 중인 쟁점은 소득 대체율이다
국민의힘은 43% 민주당은 45%를 고수해서다
보험료율은 현행 9%에서 13%로
인상하는데 여야간 의견 접근이 이뤄졌다

그나마 국민연금은 막판 극적 타결 가능성이 살아있다
하지만 경제를 살릴 것으로 기대를 모은
민생법안 21대국회 임기가 끝나는
5월 29일 무더기 폐기될 위기에 놓였다
의회민주주의 발상지인 영국 하원에선
2019년까지 4년간 545건의 법안이
발의됐는데 재적의원 650명의 종합이다
대한민국 국회 대표발의 법안건수는
더불어민주당 민형배 의원 325건
윤주병 의원 283건
국민의힘 이종성 의원 211건으로
1, 2, 3위를 기록하고 있다

# 제6장

## 바보처럼 살았군요

김도향 작사 · 곡 · 노래

어느 날 난 낙엽 지는 소리에
갑자기 텅 빈 내 마음을 보았죠
그냥 덧없이 흘러버린
그런 세월을 느낀 거죠
저 떨어지는 낙엽처럼
그렇게 살아버린 내 인생을
우- 우우~ 우우~
잃어버린 것이 아닐까
늙어버린 것이 아닐까
흘러버린 세월을 찾을수만 있다면
얼마나 좋았을까 좋았을까
난 참 바보처럼 살았군요
난 참 우우~ 우우~
난 참 바보처럼 살았군요

## 때늦은 뉘우침

고등학교 동창회를 부부동반으로 하던 때가 있었다
아내가 을지로6가 횡단보도에서
신호를 기다리다가 동창생 S사장을 만난 아내
"안녕하세요"하고 인사를 했다
그 친구 얼떨결에 인사를 받아놓고
기억이 나지를 않았던지
"어디 있는 마담이시더라…?"
"아니 김 아무개…"
"어이쿠! 미안합니다 못 알아 봬서"
그 친구 얼마나 미안했으면
그런 일이 있었다는 사실을 나에게
말도 못 하고 지금 늙어가고 있다
그땐 몰랐었는데 나이 90에 들어서
겨우 깨달은 노랫말의
난 참 바보처럼 살았군요…
난 참 바보처럼 살았군요…

## 한중-한일 정상회담

윤석열 대통령이 5월 26일
중국 리창(李强) 총리와 만나
FTA 2단계 협상을 재개하기로 합의했다
윤 대통령은 이어
기시다 후미오(岸田文雄) 일본 총리와도 정상회담을 하고
내년 국교정상화 60주년을 계기로
양국 관계를 한 단계 도약시키기로 의견을 모았다
리창 총리와 기시다 총리는 27일 열리는
제9차 한 · 일 · 중 정상회의에 참석하기 위해
26일 방한했다

윤 대통령은 26일 용산 대통령실에서
리창 총리와 회담하면서
"어떤 대내외환경 속에서도 한국과 중국이
소통을 지속해나가는 것이 필요하다"며
"서로 존중하면서 공동이익을 추구하고
역내 평화와 번영을 함께 만들어 나가자"고 제안했다
리창 총리는 "중국은 한국의 좋은 친구 ·
이웃 · 동반자가 되고 싶다"며
"한중 우호관계를 계속 발전시켜 나가자"고 답했다
양국 정상은 13년째 중단된

한중투자위원회를 재개하기로 했다

윤 대통령과 기시다 총리의 정상회담에서는
수소협력 대화체를 신설하기로 했으며
한국과 일본이 글로벌 수소 공급망 확대를
위해 노력하고 수소산업의
규격과 기준을 마련하자는 취지로
한일자원협력대화도 다음 달 출범시킨다
기시다 총리는 '라인야후사태'와 관련해
"일본 총무성의 행정지도는 한국기업을 포함한
외국 기업의 일본 투자를 계속 촉진한다는
입장이 변하지 않는다는 원칙 하에서
이해하기 바란다"고 말했다

## 400조 SMR 최강자 두산

탈원전 '잃어버린 7년' 딛고 400조 SMR(소형모듈원전)
'최강자'로 부활한 두산의 선구안…
2019년 두산에너빌리티는 '침몰하는 항공모함'이었다
대형원자로 34기를 제작한 '원전강자'였지만
문재인 정부의 탈원전 정책으로
신규 수주 물량이 뚝 끊겼기 때문이다

신한울 3 · 4호기 등 신규원전 6기 건설이 백지화되고
수출 길도 막히자
2017년 100%이던 공장 가동률이 10% 밑으로 떨어져
한솥밥 먹던 식구 수백 명을 명예퇴직으로 내보야 했다

절체절명의 위기에도 두산은 미래를 그렸다
"원전보다 작고 안전한 SMR이라면
풍파를 이겨낼 것"이란 판단에 적자에도 불구하고
SMR분야 선두 기업에 대규모 투자를 했다
그렇게 뉴스케일파워에 두 차례를 투자하고
핵심부품 공급권을 확보했다
가능성에 투자한 두산의 '선구안'은
5년 뒤 실현된 것이다

〈

뉴스케일파워가 미국과 유럽을 중심으로

SMR 영토를 넓히면서 일감이 밀리고 있어서다

전기 수요가 폭발적으로 늘어나면서 세계에

SMR 개발 열풍이 불고 있다

## 이재용 만난 리창 총리

5월 26일부터 한일중 정상회의가 열린
가운데 리창(李强) 중국 총리가
이재용 삼성전자 회장을 만나 경제협력 의지를 다졌다
리 총리는 2005년 시진핑(習近平) 당시
저장성 서기가 방한했을 때 비서장 직책으로
삼성전자 수원 · 기흥사업장을 방문했다
이번 방한으로 19년 만에 한국에서
이재용 회장과 재회한 셈이다
리 총리가 방한 기간 중 만나는 한국기업은
삼성전자가 유일한 것으로 알려졌다
서울 중구 신라호텔에서 40분가량 진행된
양측의 만남은 화기애애한 분위기 속에서
진행된 것으로 전해졌다

## 임영웅 콘서트

"개인적으로 비오는 날을 좋아해요 이런 큰
공연장에서 비 오는 날에 또 언제 공연해 보겠어요?"
보슬비 사이로 등장한 가수 임영웅(33)의
말에 그의 팬덤 영웅시대가 응원봉을 흔들며 환호했다
5월 25~26일 양일간 서울 마포구
월드컵경기장 '아임 히어로-더스타디움' 콘서트가 열렸다
지난해 10월 시작한 전국투어의 앙코르
공연이자 '상암벌'로 통하는 서울월드컵
경기장에서 처음으로 진행한 단독 콘서트로
임영웅은 양일간 약 10만 명의 팬과 만났다
데뷔 이래 2년 연속 전국투어 콘서트를
성공적으로 개최한 그는 이번 공연에서도
여전히 티켓파워를 과시하며 명실상부한
스타디움 뮤지션으로 자리매김했다
연봉 233억 원의 걸어 다니는 기업이라는 기사도 나왔다

# 한일중 공동선언 발표

윤석열 대통령
기시다 후미오 일본 총리
리창 중국 총리가 5월 27일 청와대
영빈관에서 9차 정상회의를 했다
한일중 정상회의는 2019년 12월
중국 청두 8차 회의 후 4년 5개월 만이다
세 정상은 공동선언에서
"한반도와 동북아의 평화 · 안정 · 번영이
우리의 공동이익이자
공동책임이라는 것을 재확인했다"고 밝혔다
이어 "역내 평화와 안정 · 한반도 비핵화 ·
납치자 문제에 대한 입장을 각각 재강조했다"고 전했다
정상회의 정례화 복원에 합의하고
인적 교류와 경제 · 통상 등 6대 분야에서
호혜적 협력 사업을 발굴키로 했다
3국 FTA 협상 속도를 높이기 위한 논의를
지속할 것이라고 선언했다

## 유구무언

이재용 삼성전자 회장의
'삼성그룹 경영권 불법승계' 사건에 대한
항소심재판이 5월 27일 시작됐다
검찰은 이 회장에 대해 1심에 내지 않았던
2000건이 넘는 증거를 새로 제출하고
증인도 11명 신청했다
이 회장 측은 이에 반박할 증인을
신청하겠다고 맞서면서 총력전을 예고했다
서울고등법원 형사13부(판사 백강진)는
자본시장법과 외부감사법 위반
업무상 배임 등 197개 혐의로 재판에
넘겨진 이 회장에 한 항소심 공판준비 기일을 열었다
"대한민국 이대로 괜찮겠습니까…?"

## UAE 대통령 만난다

이재용 삼성전자 회장
최태원 SK 회장
정의선 현대자동차 회장
김동관 한화 부회장 등
주요 그룹 20개 총수들은 5월 28일
아랍에미리트(UAE)의 무함마드 빈 자이드
알 나하얀 대통령을 만난다
마스다르시티 스마트시티 구축과 원전·
방위산업·건설 등의 분야에서 협력
방안을 논의하기 위해서다

## UAE 대통령 첫 방한

무함마드 빈 자이드 나하얀
UAE 대통령이 5월 28일 윤석열 대통령
초청으로 한국을 국빈 방문했다
지난해 윤 대통령의 UAE 국빈 방문에 이은 답방이다
두 정상은 문재인 정부 때 삐걱거렸다는
평가를 받은 양국관계를 정상화한데
이어 양국 국방 방산 협력을 역대 최고
수준으로 강화할 방침인 것으로 알려졌다

윤 대통령과 김건희 여사는 이날 방한한
무함마드 대통령과 창덕궁 부용지 일원을
산책하고 전통공연 관람 등을 함께 했다
무함마드 대통령은 이재용 삼성전자 회장
등 주요 그룹 총수 20여 명도 경제협력
논의를 위해 대통령과 롯데호텔서울에서
간담회를 진행했다

무함마드 대통령이 국내에서 머무는
숙소는 롯데호텔서울 신관인
이그제큐티브타워 32층 로열 스위트룸으로
하루 이용료는 3,000만 원 정도로

최상위 객실이다
각국 정치 지도자와 정·재계 인사 등
국내외 VIP를 위한 객실로 국빈 방문시 사용된다
호텔 출입문 주차장에는 경찰특공대
장갑차도 1대 배치했다 일반적인 시위 때는
동원되지 않는 차종으로 귀빈 행사 등에 동원된다

## 충돌로 끝낸 21대 국회

21대 국회 마지막 본회의도 거대 야당의
입법 독주로 마무리됐다
더불어민주당 등 야당 의원들은 5월 28일
여당 의원들이 퇴장한 가운데 쟁점법안
5건을 단독으로 처리했다
21대 국회 임기는 29일 끝난다
가장 논란이 되는 민주유공자법은 1964년
3월 24일(한일회담 반대시위) 이후의
민주화운동 사망자 · 부상자 · 가족 · 유가족을
유공자로 인정해 지원하는 법이다
여야의 표 단속이 치열했던
채상병특검법안은 재석 294명 중 찬성 179표
반대 111표 무효 4표로 부결됐다
여야가 마지막까지 강대강 대치로 충돌하면서
여야가 공감대를 이룬 경제-민생 법안들도 대거 폐기된다
폐기되는 법안이 16,359개에 이르고 있다

## 김진표 국회의장

거야의 일방독주와 대통령의 거부권 행사가 되풀이된
21대 하반기 국회를 이끌어온
김진표 국회의장이 임기를 마쳤다
그는 "올 오어 낫싱(all or nothing) 정치는
후진정치"라고 비판했다
또 "여야 가릴것 없이 팬덤정치의 노예가 돼 있다"며
"국회를 팬덤을 위한 선전장으로 쓰고 있다"고
일침을 가했다
여야가 격한 대립을 반복해온 21대 국회는
5월 28일 마지막 본회의까지 파행이었다

# 윤 대통령 4건 거부권

윤석열 대통령이 2024년 5월 29일
국회 본회의에서 야당이 단독 처리한
민주유공자법 제정안 등 4개 쟁점
법안에 대한 거부권을 행사했다
대통령실은 윤 대통령은 29일
한덕수 국무총리 주재로 열린
임시국무회의에서 의결한 법안 재의요구안을 재가했다고
언론에 공지했다
대통령의 거부권 행사는 취임 후 7회로
법안수로는 14건이 됐다
거부권이 행사된 법안은
민주유공자법 제정안
전세사기특별법 개정안
지속가능한한우산업지원법 제정안
농어업회의소집법 제정안 등 4건이다
모두 민주당이 여야합의 없이 본회의에
직회부해 단독으로 본회의 부의 · 상정 · 의결
절차를 강행한 법안들이다

# 북한의 오물풍선

북한이 28일 밤부터 2일간 남쪽으로
260개의 '오물풍선'을 내려보냈다고
합동참모본부가 5월 29일 밝혔다
북한은 동시에 위성항법장치(GPS)
교란 전파공격도 감행했다
한국사회에 혼란을 유발하고
비군사적 공격에 대한
우리 군의 대응 능력을 시험해보려는
김정은의 '지저분한 예행연습'으로 해석된다
풍선은 서울 · 경기도 · 강원도 · 경상도 ·
전라도 · 충청도 등 전국에서 수거됐다
위성발사가 실패(공중폭발)하자
'대남 심리전'…
김여정 "선물 계속 보낼 것"이라 했다

# 한-UAE 정상회담

윤석열 대통령이 5월 29일 국빈 방한한
무함마드 빈 자이드 알 나하얀 UAE
대통령과 정상회담을 갖고
포괄적경제동반자협정(CEPA)을 체결했다
중동 국가와는 처음 체결한
자유무역협정이며 한국 전체로는 24번째
자유무역협정이다
정상회의 앞서 윤 대통령은 김건희 여사와
함께 대통령실 잔디마당에서 열린 공식
환영식에 참석해 무함마드 대통령을 영접
의장대를 사열했다
이어 양 정상은 청와대 영빈관으로 이동해
국빈오찬을 가졌다
이 자리에는 이재용 삼성전자 회장과
최태원 SK그룹 회장
정의선 현대차그룹 회장
김동관 한화 부회장
허태수 GS그룹 회장 등이 함께했다

## MB 만난 무함마드

이명박(MB) 전 대통령이 29일 국빈방문 중인
무함마드 UAE 대통령을 접견했다
퇴임 대통령의 자택에 외국 정상이
직접 방문했다는 점에서 이례적이란 평가다
MB는 서울 강남구 논현동 자택에서
무함마드 대통령과 1시간가량 비공개회담을 했다
이날 접견은 2009년 UAE 바라카원자력 발전소
수주 과정에서 두 사람이 맺은 인연에서 비롯됐다
당시 UAE는 원전 건설을 프랑스에 맡기려 하였으나
이 전 대통령은 무함마드 대통령(당시 왕세제)에게
직접 전화해 설득했고
결국 한국이 막판 역전해 원전 사업을 수주할 수 있었다
이 전 대통령은 퇴임 후에도 무함마드 대통령의 초청으로
2014년과 2016년 두 차례 UAE를 방문하는 등
우정을 이어왔다

## 삼성전자 노조파업

28,400명이 가입한 삼성전자 최대
노동조합이 5월 29일 파업을 선언했다
창사 이래 처음이다
전국삼성전자노조(전삼노)는
서울 서초동 사옥 앞에서 기자회견을 열고
"전날 진행한 임금 교섭에서
사측이 노조를 무시했다"며 파업을 선언했다
이날 삼성전자 주가는 3.09% 내린 75,200원에 마감했다
'삼성파업' 한마디에 외국인 4,250억 매도 폭탄…
노조의 파업 소식에 골드만삭스 등 외국계
창구에 매도 주문이 쏟아졌다

# 세기의 이혼

최태원 SK그룹 회장(64)이
노소영 아트센터 나비관장(63)에게
이혼에 따른 재산분활금으로 1조 3,808억을 지급하라는
항소심 판결이 나왔다
현재까지 알려진 이혼소송 재산분활금 중 최대규모다
서울고법 가사2부 (재판장 김시철)는 5월 30일
"최 회장이 노 관장에게 위자료 20억 원
재산분활로 1조 3,808억 1,700만 원을
현금으로 지급하라"고 판결했다
2022년 12월 1심을 맡은
서울가정법원 가사합의부2부(부장판사 김현정)가 인정한
위자료 1억 원 재산분활금 665억 원보다 20배
넘게 늘어난 것이다

재판부는 "노 관장이 SK의 가치 증가나
경영 활동에 기여가 있다고 봐야 한다"며
"최 회장의 재산은 모두 분할 대상"이라고 밝혔다
최 회장이 보유한 SK(주) 재산은 재산분할
대상이 아니라는 1심 판단을 뒤집은 것이다
재판부는 노 관장의 아버지인 고 노태우
전 대통령의 자금이 SK로 건네졌다는 사실도 인정했다

최 회장의 변호인단은 "아무런 증거도 없이
편견과 예단에 기반해 기업의 역사와 미래를 흔드는 판결에
동의할 수 없다"며 즉각 상고 의사를 밝혔다
항소심 판결이 확정될 경우 최 회장이
재산분할금을 마련하기도 쉽지 않을 전망이다
그룹 지주사인 SK(주) 보유지분 일부를
매각해야할 가능성도 제기된다

'1심 완승' 믿었던 최태원 회장…,
9회 말 역전패 당한 셈…
최태원 SK그룹 회장과 노소용 아트센터 나비관장의
이혼 소송 항소심에서
1조 3,808억 원이라는 재산분할이 인정된 데는
1991년 노태우 전 대통령의 비자금
300억 원 유입을 '유형적 기여'로 인정한 게 결정적이었다
그러나 이는 한국현대사의 불법적인 정경유착 산물을
자녀에 상속하는 결과를 낳았다는 점에서
법조계 안팎에 논란이 일고 있다
법원 안팎에선 "아랑곳하지 않고 거침없는
김시철 재판장의 성격이 드러난 장면"이란 평이 나왔다

추신: "아니! 여기도 김현정 · 김시철 판사가?"

## 우주항공청 개청식

윤석열 대통령은 2024년 5월 30일
경남 사천시 우주공항청 임시청사에서 열린 개청식에서
“2032년과 2045년에 각각 달과 화성에
탐사선을 착륙시키는 것을 목표로 하는
‘스페이스 광개토 프로젝트’를 추진하겠다”고 밝혔다
“도전적이고 혁신적인 R&D와 우주항공 산업에
생태계를 집중 지원하고
전문성을 갖춘 인재들을 길러내
‘뉴스페이스 시대’를 열겠다며
2027년까지 우주관련 예산을
1조 5,000억 원 이상으로 확대해
국가우주산업 육성을 뒷받침하겠다”고 했다

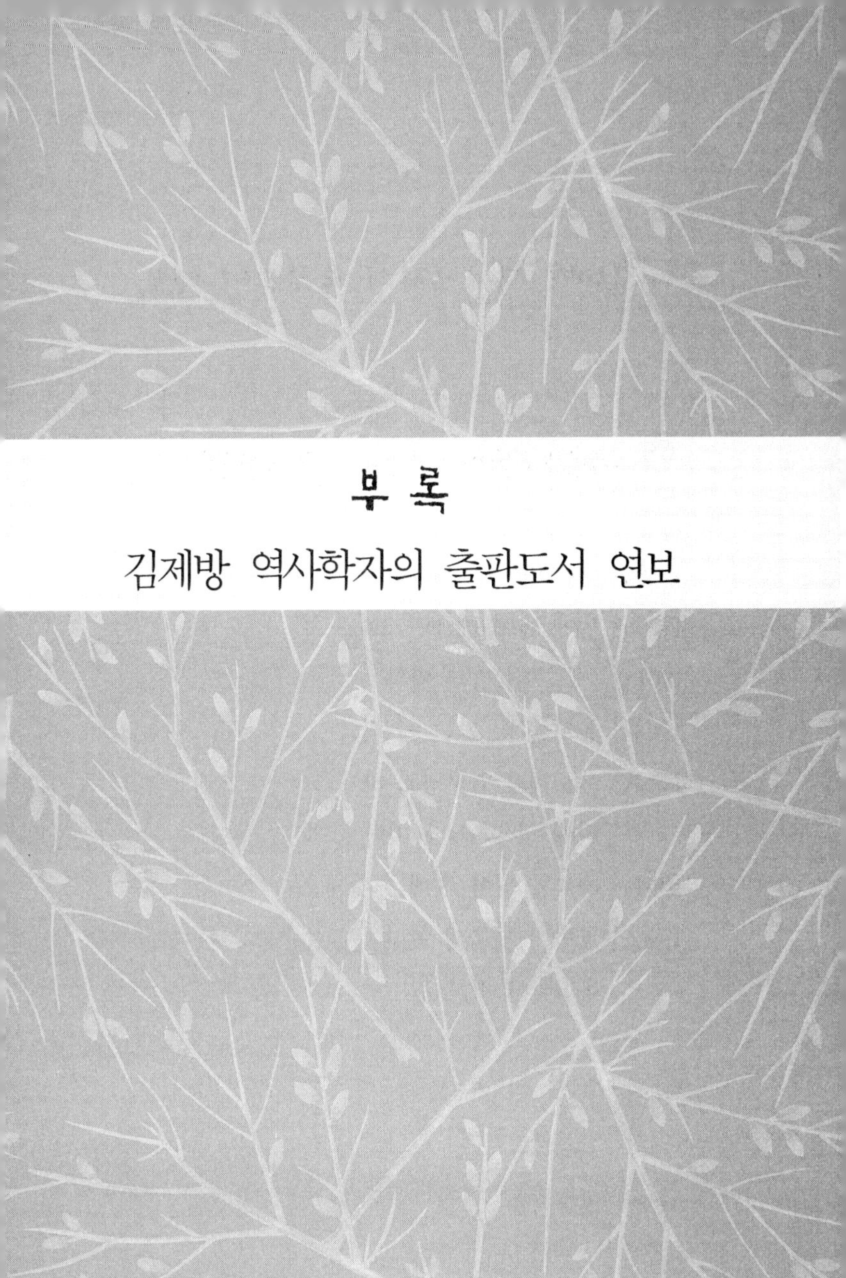

# 부 록

## 김제방 역사학자의 출판도서 연보

## 김제방 역사학자의 출판도서 연보

### 수필집(여름사 · 지문사 · 행림출판)

1988년 인간적인 것이 그립다

1989년 빌딩 숲에 매달린 고슴도치

1991년 어느 여름밤의 방황

1992년 물꼬를 터 가는 사람들

1993년 사도세자 압구정역 하차

비에 젖은 남치맛자락

1994년 둥지를 찾아 헤매는 텃새

1996년 호박이 넝쿨째 굴렀네

목화꽃이 필 무렵

## 시집(지문사 · 한솜)

1998년 이집트로 가는 길

1999년 오아시스로 가는 길

2000년 베이징으로 가는 길

2001년 긴 만남 짧은 이야기

왕건의 나라

장하다 홍국영

2003년 홍선대원군 · 명성황후

2004년 고종황제의 최후

2005년 이승만과 김구의 대좌

2006년 박통의 그늘

세종대왕의 실수

2007년 불타는 창덕궁

## 역사서(문학공원)

2009년 한국근현대사

2010년 한국중고대사

2011년 조선왕조사

한국민주화역사

2013년 성공한국사(딥씨)

2015년 한국현대사 · 1

한국현대사 · 2

한국현대사 · 3

2016년 한국현대사 · 4

2017년 한국현대사 · 5

한국현대사 · 6

2018년 세계사와 함께 읽는 재미있는 韓國史

2018년 우면산 돌담불

2019년 한강의 기적

5 · 16혁명

2020년 박정희 황금시대

문재인 적폐시대

이승만 건국시대

전두환 오판시대

2021년 코로나 비상시대

흔들린 민주주의

박정희 100년 시대

추억의 대한제국

2022년 선진국 대한민국

선진국 원년의 한국

윤석열 대통령 시대

한국혁명의 빛

2023년 중동 건설 붐 이후

박정희 정신(통산 50권째 저서)

법조계 악성 카르텔

2024년 윤석열 외교훈풍

재판인가 개판인가

법조계의 경고음

망국의 법조계 패거리들

대한민국 이대로 괜찮겠나

김제방 역사서사시집

대한민국 이대로 괜찮겠나

초판발행일 2024년 6월 14일

지은이 : 김제방
발행인 : 김순진
편집장 : 전하라
디자인 : 김초롱
펴낸곳 : 도서출판 문학공원
등 록 : 2004년 3월 9일 제6-706호
주 소 : 우편번호 03382 서울 은평구 통일로 633
녹번오피스텔 501호 스토리문학사
전 화 : 02-2234-1666
팩 스 : 02-2236-1666
홈페이지 : https://blog.naver.com/ksj5562
이메일 : 4615562@hanmail.net

※ 책값은 뒤표지에 있습니다.
※ 저자와의 협의에 의해, 인지는 생략합니다.